兒童精神科醫師專業[...]踐

全面啟動大腦
學習認知力

大幅提升
專注力、
記憶力、
理解力！

作者／**宮口幸治**（兒童精神科醫師、醫學博士）

翻譯／**李彥樺**

審訂／**駱郁芬**（臨床心理師、米露谷心理治療所所長）

給家長的話

本書宗旨在從遊戲中提升認知能力，特別適合給**「想要跟上學校課業」**、**「想要提高注意力」**、**「想要更能夠集中精神」**或**「想要將學習內容好好記住」**的孩子。

所謂的認知能力，也可稱作「智能」，範圍涵蓋專注、工作記憶（短期記憶）、語文理解、知覺、推理和判斷等許多要素，如下圖所示，這些都是學習的「基礎能力」。在學習上遭遇困難的孩子，可能是某方面的認知能力較為不足。

除了學習，認知能力更是**溝通能力**（對他人產生興趣、對他人的心情感同身受、和他人交談等）和**問題解決能力**（主動思考行為的後果、遇上麻煩時思考解決對策等）所不可或缺的基礎能力。

如果你覺得孩子明明很努力，成績卻總是不理想，請務必試一試本書中的訓練遊戲，不久之後，一定能夠親眼見證孩子的變化。

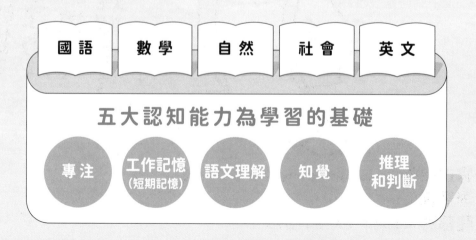

五大認知能力為學習的基礎

國語　數學　自然　社會　英文

專注　工作記憶（短期記憶）　語文理解　知覺　推理和判斷

在少年院內深深感受到「認知訓練」的必要性

我從 2009 年至今，已在少年院（臺灣稱作「少年輔育院」）工作了 10 年以上，接觸過非常多所謂的非行少年（指有犯罪或犯罪之虞的少年）。剛開始時，我以為他們性情凶惡，曾經相當緊張，後來發現完全不是那麼一回事。

實際上有很多非行少年是因為在生活中得不到成就感，對自己缺乏自信，或有著「連基本的計算也學不會」、「讀不懂字」、「連簡單的圖形也無法照著畫出來」之類的障礙，因而對生活感到不知所措。**他們往往缺乏足夠的「看、聽、推理」能力，因此不僅在課業上受挫，也會因為沒有辦法察言觀色，在人際關係上困境重重**，導致自信喪失、負向解讀他人的言行，終至誤入歧途。我深刻感覺到，**這些孩子的最大問題在於他們缺少「生命中不可或缺的學習基礎能力」**。

但這樣的現象，並非只會發生在非行少年身上。我也在幼兒園、小學和中學擔任教育輔導的角色，遇過非常多發展和學習遲緩的案例，往往和非行少年在校的情況相似。

為了再給這些「不知所措」的孩子一個機會，我深信**幫助他們獲得「生命中不可或缺的學習基礎能力」是必要的**。正是基於這樣的理念，我構思出這一系列鍛鍊「看、聽、推理」能力（認知能力）的訓練遊戲。

什麼是認知訓練？

　　認知訓練是「○○認知訓練（Cognitive Training for ○○）」的簡稱，○○處可填入「社交（社會面）」、「機能強化（學習面）」和「動作（身體面）」。換句話說，這是一種綜合性的訓練規畫，藉由強化這三方面（社會面、學習面、身體面）的機能，以助於孩子順利適應學校或社會。如今有相當多的中小學和相關教育機構，都採行這套訓練模式。

　　認知能力包含五大要素（請見下圖），分別為「專注」、「工作記憶（短期記憶）」、「語文理解」、「知覺」、「推理和判斷」，各自對應「計算」、「記憶」、「模仿」、「尋找」和「推理」。認知訓練的最大目的，就在於提升這些能力。而且這些訓練不需要特別的工具，只要有這本書、鉛筆和橡皮擦就行了！

　　接下來，我想要舉出實際的例子，說明為什麼認知能力不足會對學習造成不良影響。

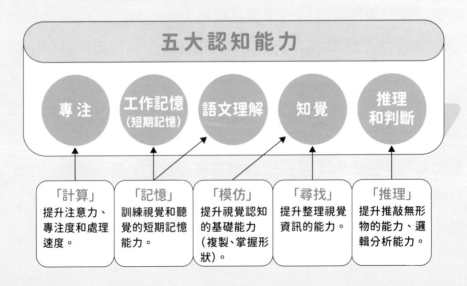

五大認知能力

專注	工作記憶（短期記憶）	語文理解	知覺	推理和判斷
「計算」提升注意力、專注度和處理速度。	「記憶」訓練視覺和聽覺的短期記憶能力。	「模仿」提升視覺認知的基礎能力（複製、掌握形狀）。	「尋找」提升整理視覺資訊的能力。	「推理」提升推敲無形物的能力、邏輯分析能力。

像這樣的孩子正需要活用本書

例如上課的時候，老師以口述的方式提出問題：**「小明有 10 顆糖果。給了他 4 顆，現在小明有幾顆糖果？」**

要回答問題，首先必須能夠 **「專注」** 於老師所說的話，如果孩子正看著外頭，或正在塗鴉，當然無法說出答案。

接著，孩子必須靠 **「知覺」** 將老師的話好好聽清楚，而且將數字好好 **「記憶」** 下來。當然，要理解老師的問題，還得擁有 **「語文理解」** 的能力。在思考答案的時候，必須進行心算，這時當然不能胡思亂想，因此同樣也需要 **「專注」** 的能力。

還有一點相當重要，這個問題其實有兩種解釋方式：

「小明給了他（某人）4 顆糖果。」

「某人給了小明 4 顆糖果。」

老師所說的意思，究竟是哪一種？孩子必須有能力進行 **「推理和判斷」**。由此可知，孩子得具備**所有的認知能力**，只要其中有一項能力不足，就無法說出正確的答案。

在學習上遭遇瓶頸的孩子，很可能正是其中一項或多項能力不足，找出這些不足處並加以強化，正是認知訓練的目的。

「學業成績不好」是

　　在輔導的過程中，有時候我會對孩子進行智力測驗。每當發現**孩子在「看、聽」等認知能力上有不足之處**，我就會提醒家長，**這可能會造成孩子的學業成績不理想。**

　　大多數家長聽了之後，會恍然大悟的說：**「我的孩子經常在上課時發呆， 原來不是因為愛玩或懶惰。」**甚至遇過家長流下眼淚，後悔自己過去完全沒有察覺孩子的處境。

　　接著幾乎所有家長都會問這樣的問題：**「要怎麼幫助孩子改善？」**在研發出這一系列認知訓練前，我總是不知怎麼回答，心裡也覺得很無奈。

　　當時的書店裡，其實已有訓練「看、聽」能力的書籍，但不是沒有經過充分驗證，就是效果侷限於特定的能力，沒有辦法讓認知能力獲得綜合性的提升。此外還有一些學習軟體和網路教材，雖然能夠針對「看、聽」的能力提供訓練，但是價格都不便宜。

　　因此，我花了 5 年時間，在少年院裡實際進行測試之後，對外公開最有效的認知能力強化訓練方式，就是這本「認知訓練遊戲」。

因為懶惰嗎？

認知訓練能帶來這些效果

從下方的兩張圖，可以看出認知訓練前後的變化。畫圖的人是一名抱怨跟不上學校課業的中學生，進行 4 個月的認知訓練之後，他畫的圖開始有了立體感，正確性也增加許多。

這個孩子從小就覺得把黑板上的字抄下來很困難，對於識字和寫字感到吃力。進行認知訓練之後，觀察和記住物體的輪廓、結構的能力大幅增加，**不僅是描繪立體圖，在文字的閱讀和書寫上也有相當大的改善**。

另外，想順便提一下，我在某機構進行認知訓練實驗的結果。將孩子分成兩組（各 30 名），只針對其中一組執行認知訓練。執行的頻率是每星期兩次，每次約 80 分鐘，共執行 4 個月，並且在執行前、執行結束，以及執行結束的 3 個月後，分別進行認知能力的評量測驗。從結果來看，**唯有執行認知訓練的那一組，測驗（DN-CAS 認知評量系統）的得分明顯上升**，而且可以看出在訓練結束後依然能長期維持效果。

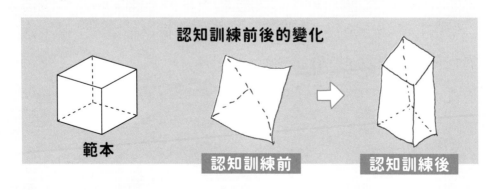

認知訓練前後的變化

範本　　認知訓練前　認知訓練後

認知訓練的效果並非

　　就讀小學三年級的小明，平常相當認真念書，但是考試的時候總是拿不到好成績。由於記不住九九乘法表，所以數學課上起來也很吃力，再加上識字能力差，遇上問答題總是不知如何是好，小明的父母在猶豫該不該讓小明上補習班。

　　明明非常認真，課業為什麼會跟不上？問題會是出在哪裡？很努力卻得不到成果，很有可能是某部分的認知能力出了問題。**認知能力包含看的能力、聽的能力和推理的能力，這些都是「學習的基礎能力」。**

　　像小明這樣的孩子，可能會有以下特徵：

●**有些事情提醒了好多次，還是沒有辦法牢牢記住。**

●**經常犯粗心大意的錯誤。**

●**沒有辦法訂定目標，不知道該怎麼努力。**

●**沒有辦法察言觀色，做出適當的舉動。**

　　有些孩子雖然聽不懂老師說的話，但他們不希望被人發現自己不會，因此常常把「好、知道了」掛在嘴邊。但是這麼一來，事後當他們做不到老師交代的事情時，往往就會被扣上「懶惰」、「講不聽」、「愛說謊」的帽子，像這一類的特徵，透過強化認知能力也有機會改善。

只展現在課業上！

訓練亦能增進人際關係和幫助高齡人士預防失智症

當看、聽的能力不足時，還可能會遇上無法正確理解他人的情況。

● **看見他人大笑，以為「他在嘲笑我」或「他在說我的壞話」。**

● **他人剛好有事離開，認為是「他不想靠近我」。**

● **錯誤解讀他人的話，還以為是在說自己的壞話。**

在很多例子裡，產生誤會或無法建立良好人際關係，其實都是因為在一開始的認知階段，就接收到了錯誤的訊息。

像這樣的情況，只要強化認知能力，提升對他人意圖的理解能力，人際關係往往能夠有所改善。由此可知，**認知訓練的功效並不僅侷限在學校的課業上。**

此外對於「很會念書，想要更上一層樓」、「明明做得到，卻因為速度太慢而吃虧」或「其實記性很好，課業上的東西卻老記不住」之類的孩子，認知訓練也是相當有效的改善方法。

有些中學生在課業上容易犯粗心的錯誤，這種情況也很適合接受認知訓練。**對於高齡人士，認知訓練還有預防失智症的效果。**

本書的使用方法

　　本書共收錄 22 種題型（共 84 題），網羅了專注、工作記憶（短期記憶）、語文理解、知覺、推理和判斷等所有認知能力的範疇（關於聽力方面的訓練，則在第 42 頁以專欄的方式介紹）。

　　訓練內容涵蓋了 5 個領域（共分為 5 個章節），分別為「計算」、「記憶」、「模仿」、「尋找」和「推理」，每天花 5 分鐘就夠了。

　　只要會握筆寫字，就可以開始接受本書的訓練。實際嘗試之後，或許會發現有些領域很拿手，但有些不太行，例如可能「計算」和「尋找」完全沒問題，但是「模仿」卻遇到了瓶頸。像這樣的情況，就從自己拿手的題目開始做起吧！

　　答案可以直接寫在書上，不過如果想要反覆練習，也可以影印使用（這樣真的超划算）。

　　各章節的題目順序都是由「簡單→困難」，如果覺得哪一題很難，也可以跳過，先做下一題。我們經常聽到有孩子因為考試考不好而難過，但幾乎不曾聽過孩子因為不會做認知訓練遊戲而失落。

來！我們開始吧！

準備好你的 B 鉛筆

宮口醫師

請介紹一個和你一起玩認知訓練遊戲的朋友。

玉木弟弟

你好，我叫玉木！

宮口醫師

玉木弟弟，你在學校最喜歡上什麼課？

玉木弟弟

嗯——身體檢查吧！

宮口醫師

我第一次聽到有小朋友回答身體檢查。

玉木弟弟

其實我不太喜歡上課……

宮口醫師

玉木弟弟，那你的好朋友是誰？

玉木弟弟

呃——是小妖怪！

宮口醫師

小妖怪是學校的同學嗎？

玉木弟弟

我是在學校的桌子抽屜裡遇到他的！

宮口醫師

咦？桌子抽屜裡？

想知道玉木弟弟和小妖怪的認識過程，就翻到第14頁吧！

訓練 5 大
認知能力！

專注

工作記憶

語文理解

知覺

推理
和判斷

第1章 計算

第2章 記憶

第3章 模仿

第4章 尋找

第5章 推理

讓我們開始吧！

15

在本書中登場的朋友和老師

小妖怪

妖怪國的王子，住在小學的桌子抽屜裡，只有玉木弟弟才看得見。能夠施展妖力，解開認知訓練問題。興趣是玩猜謎和各種遊戲。

小櫻

玉木弟弟的同班同學，個性溫柔文靜，喜歡跑步，每次才藝大會都很認真參加。興趣是製作點心。

玉木弟弟

孩子氣又愛撒嬌的小學生，喜歡上學和交朋友，但是不喜歡上課，知道很多火車和車站的名稱，且擅長使用智慧型手機。興趣是欣賞火車。

奶奶

玉木弟弟的父母都在工作，所以大部分時間都由奶奶照顧。最近為了預防失智，開始和玉木弟弟一起玩認知訓練遊戲。興趣是製作拼布。

宮口幸治醫師

「認知訓練」的創始者，特別關心有煩惱的孩子，總是能提供淺顯易懂的建議。興趣是觀星，在看星星的時候，想出了「轉轉星座」（第76頁）的遊戲。

可樂

奶奶家養的狗，個性溫柔，常常和玉木弟弟一起玩。興趣是散步和玩球。

第1章
計算

提升注意力、專注度和處理速度

玉木弟弟和小妖怪首先選擇的是「計算」認知訓練遊戲！

做法很簡單，就是算算看小妖怪的數量、各種符號和數字。

你也快來一起挑戰吧！

別擔心，宮口醫師會給你一些提示唷！

哇！這裡有好多小妖怪。**每5隻** 👻 **為一組，把他們圈起來，然後將圈和** 👻 **的數量，分別寫在下面的** ( ) **內。**

像這樣把他們圈起來。

有（ 　　 ）個圈 　　👻有（ 　　 ）隻

重點提示！

每找出5隻，
確認數量之後
再圈起來。

答案在第30頁

完成日 　　　年　　月　　日

捕捉小妖怪 ②

每6隻 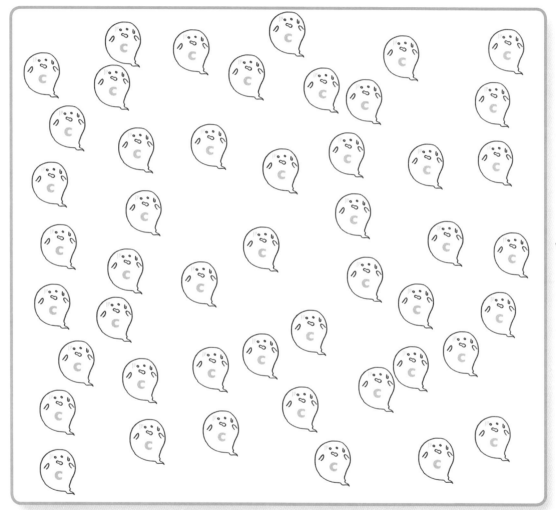 為一組，把他們圈起來，然後
將圈和 的數量，分別寫在下面的（ ）內。

把6隻妖怪圈起來。

有（ 　　 ）個圈　　 有（ 　　 ）隻

重點提示！

將圈的數量
乘上6，就是小妖怪
的數量！是不是
很簡單？

答案在第30頁

完成日
　　　　年　　月　　日

19

找出符號 ①

找出△符號，一邊打勾✓一邊計算數量，把數量寫在下面的
（　）內。

左側：找出△並打勾。

△有（　　）個

重點提示！

一邊打勾一邊計算，有助於提升專注度和記憶力哦！

答案在第30頁

完成日　　年　月　日

20

找出符號②

找出△符號，一邊打勾 ✓ 一邊計算數量，把數量寫在下面（　　）內。但是，△的左邊如果是○符號，**就不打勾 ✓ 也不計算**。

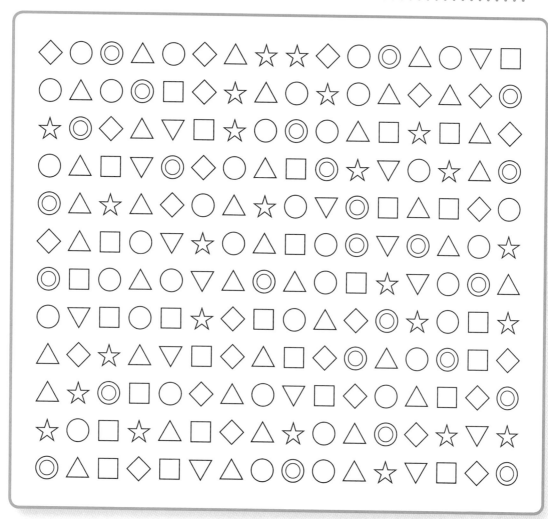

△的左邊如果是○就不打勾。

△有（　　　）個

重點提示！

完成之後，再檢查一次，看有沒有錯。

答案在第 **30** 頁 ▶

完成日　　　　年　　　月　　　日

找出符號 ③

找出 ，一邊打勾 ✓ 一邊計算數量，將數量寫在下面（　）內。
但是， 的左邊如果是 [　] 裡的圖案，就不打勾 ✓ 也不計算。

[　　🍡]

→ 要仔細看小妖怪的左邊圖案唷！

 有（　　　　　）隻

答案在第 **30** 頁 ▶

重點提示！

把 [　] 裡 3 個圖案
多念幾次，記在心裡
就不會搞錯了。

完成日　　　年　　月　　日

找出符號④

找出**比5小的黑色數字**，用○圈起來，然後找出**比5大的白色數字**，在上方打勾✓。分別把數量寫在下面的（ ）內。

5　7　3　6　4　6　7　1　3　8

6　5　2　9　7　8　4　4　2　5

6　7　1　7　9　2　8　4　6　8

4　9　3　5　7　9　8　5　6　3

6　1　7　2　7　6　9　1　6　3

5　8　6　2　7　8　4　9　3　4

9　2　5　6　7　1　7　9　2　8

4　6　8　4　9　8　9　6　3　8

1　5　8　6　6　3　2　1　9　3

7　4　2　8　5　3　2　4　1　9

「比5小的數字」是1234，「比5大的數字」是6789！

黑色數字有（ 　 ）個　　白色數字有（ 　 ）個

重點提示！

從左上角依照順序一個一個找吧！

答案在第30頁

完成日　　　年　　月　　日

23

ABC計算❶

首先計算出「A～O」的答案，然後
找出和答案相同的數字，把「A～O」填進（　）內。

A	2＋3	F	5＋4	K	8＋1
B	1＋2	G	2＋4	L	5＋3
C	4＋4	H	4＋3	M	4＋3
D	6＋2	I	7＋3	N	2＋8
E	1＋1	J	2＋7	O	3＋1

先把「A～O」的答案算出來。

2 （　）　　7 （　）（　）

3 （　）　　8 （　）（　）（　）

4 （　）　　9 （　）（　）（　）

5 （　）　　10 （　）（　）

6 （　）

重點提示！

如果覺得太難，
可以先把答案全部
算好，最後再一起
寫在（　）內。

答案在第**30**頁

完成日
　　　年　　月　　日

24

ABC計算②

3!

首先計算出「A～O」的答案，然後
找出和答案相同的數字，把「A～O」填進（　）內。

A	$7+6$	F	$5+5$	K	$4+4$
B	$4+8$	G	$6+8$	L	$5+6$
C	$3+5$	H	$4+5$	M	$8+3$
D	$6+4$	I	$7+7$	N	$9+7$
E	$8+8$	J	$5+7$	O	$8+7$

依照計算後的數字，把「A～O」填進去。

8　（　　）（　　）　　13　（　　）

9　（　　）　　　　　14　（　　）（　　）

10　（　　）（　　）　　15　（　　）

11　（　　）（　　）　　16　（　　）（　　）

12　（　　）（　　）

重點提示！

如果有（　）沒
填寫到，表示一定
哪裡出錯了。

答案在第30頁

完成日　　　年　　月　　日

在這些 ☐ 裡頭，有些直的、橫的或斜的 **2個數字加起來是10**，

每個 ☐ **裡頭會有1組**。找出這些數字，把它圈起來。

就像這樣圈起來。

8　7 3　4	3　4 8　2	1　4 9　2
1　2 7　9	5　3 5　2	5　3 6　4
1　3 4　7	5　8 2　6	4　7 5　6

重點提示！

可以先把哪2個數字「加起來是10」找出來！

答案在第**31**頁 ▶

完成日　　　年　　月　　日

尋找&計算②

在這些 □ 裡頭，有些直的、橫的和斜的 **2個數字**加起來是11，**每個** □ **裡頭會有2組**。找出這些數字，把它圈起來。

8	2	3
0	3	4
6	5	5

2	8	3
6	5	2
4	2	7

每個 □ 裡頭會有 2 個「11」的組合哦！

3	4	8
7	1	5
1	9	2

3	5	3
8	0	2
1	9	6

重點提示！

一邊思考各種數字的組合，一邊計算，很花腦力唷！

答案在第 **31** 頁

完成日　　年　月　日

27

尋找＆計算 ③

在這些 ☐ 裡頭，有些直的、橫的和斜的 **3個數字加起來是15**，
每個 ☐ 裡頭會有1組。找出這些數字，把它圈起來。

4	7	6
5	9	8
2	7	5

6	2	9
9	1	8
1	9	1

哪3個數字加起來是15呢？

7	8	5
6	9	8
5	7	3

7	6	9
8	7	7
2	8	9

重點提示！

如果光2個數字加起來就超過15，那個組合就可以跳過了。

答案在第**32**頁 ▶

完成日　　　年　　月　　日

尋找&計算 ④ ✨

在這些 ☐ 裡頭，有些直的、橫的和斜的 **3個數字加起來是16**，
每個 ☐ 裡頭會有2組。找出這些數字，把它圈起來。

第1章
計算

1	3	5
7	2	4
9	8	8

5	9	2
9	1	7
5	3	4

5	7	5
1	9	6
3	4	8

4	9	4
7	1	5
8	3	9

← 每個 ☐ 裡頭會有2組數字加起來是16哦！

重點提示！

如果2個數字加起來小於6，那個組合就可以跳過了。

答案在第32頁 ▶

完成日
　　年　　月　　日

29

捕捉小妖怪①（第18頁）…… 有 (9) 個圈　小妖怪有 (45) 隻

捕捉小妖怪②（第19頁）…… 有 (8) 個圈　小妖怪有 (48) 隻

找出符號①（第20頁）…… △有 (22) 個

找出符號②（第21頁）…… △有 (26) 個

找出符號③（第22頁）…… 小妖怪有 (9) 隻

找出符號④（第23頁）…… 黑色數字有 (26) 個　白色數字有 (20) 個

ABC計算①（第24頁）…… 2 (E)　　7 (H) (M)

　　　　　　　　　　　 3 (B)　　8 (C) (D) (L)

　　　　　　　　　　　 4 (O)　　9 (F) (J) (K)

　　　　　　　　　　　 5 (A)　　10 (I) (N)

　　　　　　　　　　　 6 (G)

ABC計算②（第25頁）…… 8 (C) (K)　　13 (A)

　　　　　　　　　　　 9 (H)　　　　14 (G) (I)

　　　　　　　　　　　 10 (D) (F)　15 (O)

　　　　　　　　　　　 11 (L) (M)　16 (E) (N)

　　　　　　　　　　　 12 (B) (J)

尋找&計算①（第26頁）

尋找&計算②（第27頁）

尋找&計算③（第28頁）

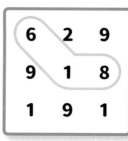

尋找&計算④（第29頁）

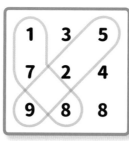

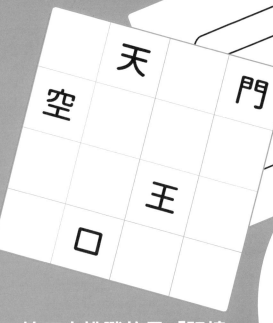

接下來挑戰的是「記憶」
認知訓練遊戲！
題目裡有些什麼圖案？
那些數字、文字或符號的位置
又在哪裡？
試著寫出來吧！
別擔心，小妖怪會教你一些記
憶的技巧唷！

第 2 章

記憶

訓練視覺和聽覺的
短期記憶能力

＋&％ P $ # ? Q & * ! X

仔細**看著下圖10秒鐘**。過了10秒之後，
闔上書本，把看到的東西畫在紙張或筆記本上。

這個圖案像什麼？

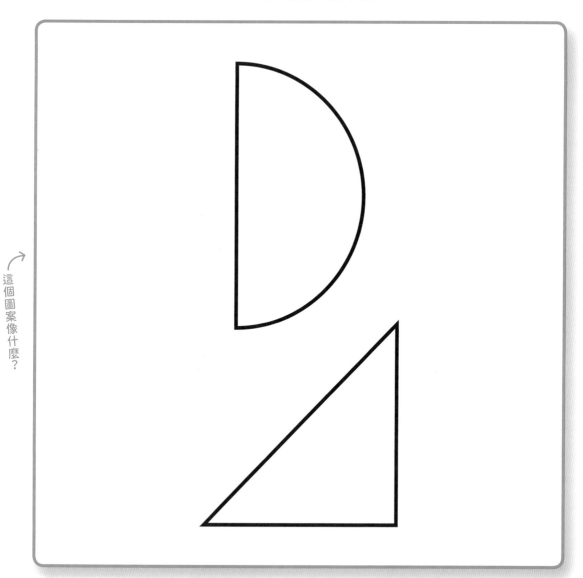

重點提示！

聯想○的圖案變成
什麼呢？說出來，
更容易記住唷！

完成日
　　　年　　月　　日

仔細**看著下圖10秒鐘**。過了10秒之後，
闔上書本，把看到的東西畫在紙張或筆記本上。

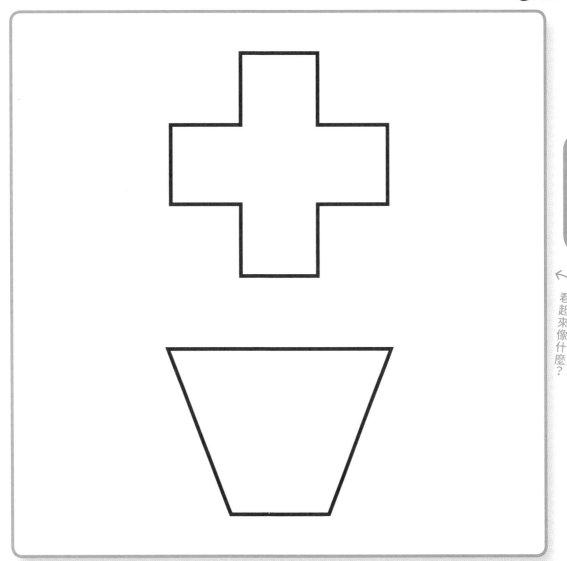

第**2**章 記憶

看起來像什麼？
上下這兩個圖案

重點提示！

不要害怕錯誤，
把看到的圖案名稱
說出來。

完成日
　　年　　月　　日

這裡有什麼？**③**

仔細**看著下圖10秒鐘**。過了10秒之後，
闔上書本，把看到的東西畫在紙張或筆記本上。

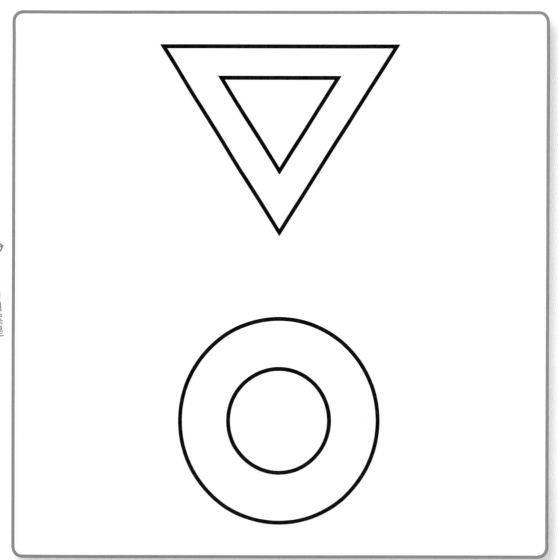

↗ 上面的圖案是倒過來的三角形！

重點提示！

這張圖是如何放置兩個一樣的圖案呢？用你的方式說明看看吧！

完成日　　　　年　　月　　日

這裡有什麼？④

仔細**看著下圖10秒鐘**。過了10秒之後，
闔上書本，把看到的東西畫在紙張或筆記本上。

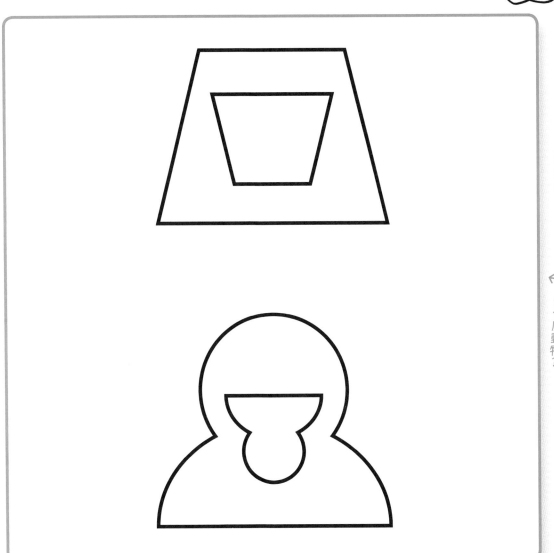

第**2**章 記憶

←下面的圖案看起來像什麼動物？

重點提示！

是什麼圖案變成怎樣的圖形呢？試著把想法說出來吧！

完成日　　年　　月　　日

仔細**看著下圖10秒鐘**。過了10秒之後，
闔上書本，把看到的東西畫在紙張或筆記本上。

○和□變成什麼？

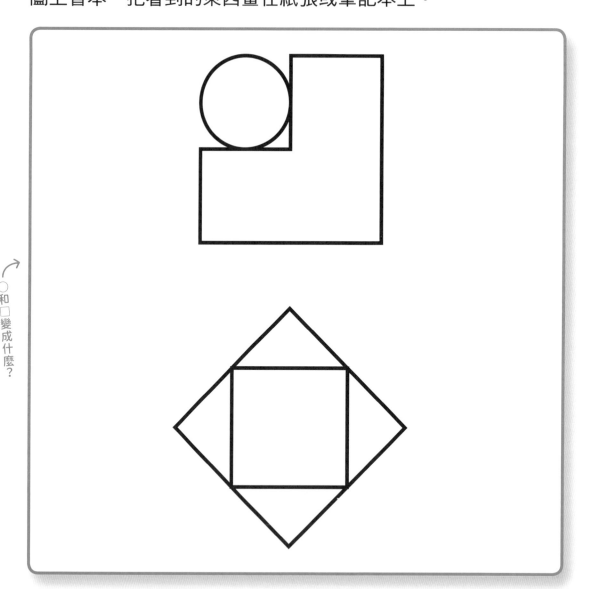

重點提示！

要注意圖案是
相連的唷！

完成日
　　　年　　　月　　　日

+ & % P$ # ? Q& .! X

仔細**看著下圖10秒鐘**。過了10秒之後，
闔上書本，把看到的東西畫在紙張或筆記本上。

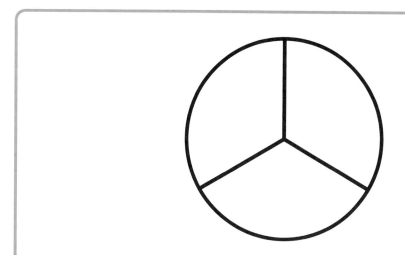

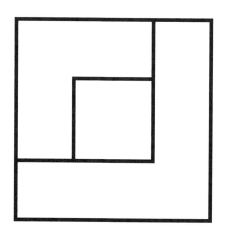

第**2**章 記憶

← 上面的圖看起來是不是很像把蛋糕切成3塊？

重點提示！

注意每個小圖案是邊靠著邊相接的唷！

完成日
　　　年　　月　　日

仔細**看著下圖10秒鐘**。過了10秒之後，
闔上書本，把看到的東西畫在紙張或筆記本上。

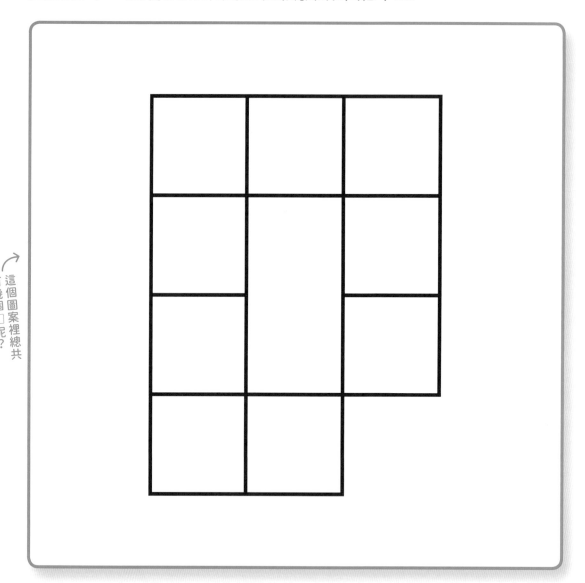

這個圖案裡總共
有幾個□呢？

重點提示！

咦？格子好像少
了呢！仔細看哪裡
沒有格子。

完成日
　　　年　　月　　日

40

+&%P$#?Q&*!X

仔細**看著下圖10秒鐘**。過了10秒之後，
闔上書本，把看到的東西畫在紙張或筆記本上。

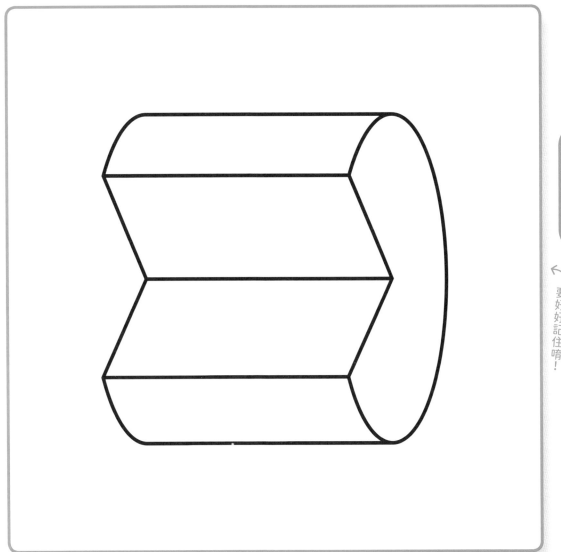

第**2**章 記憶

變得有一點困難了，
要好好記住唷！

重點提示！

想像一下這個
圖案的實際形狀
（立體圖）吧！

完成日　　年　月　日

41

提升「聽力」的訓練

在這本書中，並不包含由出題者將題目念出來的「聽力訓練」。因此以下介紹兩種能夠提升「聽力」的訓練遊戲，分別叫做「最前面的拍拍手」和「誰是第一」。這兩種遊戲都能夠**訓練文章理解力和聽覺(語言性)工作記憶**，最大的目的在於讓孩子能夠聽得懂他人話中的指示。

●最前面的拍拍手

出題者念出三段句子，讓孩子分別**記住最前面的一個詞**，而且句子**中如果聽到動物的名稱，就要拍拍手**。

> 例）　**猴子**的家裡有一個大茶壺。
>
> 　　　**慌慌張張**的小貓想要鑽進茶壺裡。
>
> 　　　**茶壺**破了，因為被小狗踢了一腳。

在這個例子裡，孩子要記住的詞是「猴子」、「慌慌張張」和「茶壺」。但是在聽到畫了底線的「猴子」、「小貓」和「小狗」時，孩子要拍拍手。

●誰是第一

出題者念出以下的題目，讓孩子說出問題的答案。

> 例）　**獅子**的家比**大象**的家大。
>
> 　　　**長頸鹿**的家比**獅子**的家大。
>
> 　　　請問誰的家最小？

答案是「大象」。

如果孩子說不出答案，大人可以幫忙畫出關係示意圖，或讓孩子一邊聽，一邊寫筆記。

數字在哪裡？

看清楚下面的圖，記住數字的位置。

10秒鐘之後，把數字寫在下一頁的圖上。

		9	
7			
		5	
2			**4**

以手指一格一格指出順序，比較容易記住。

重點提示！

建議依照由小到大的順序記住數字。

把答案寫在下一頁 ➤

完成日 　　　年　　月　　日

數字在哪裡？（寫出答案）

前一頁的圖，哪些格子裡有數字？
把記得的數字寫出來吧！

加油！

完成日
　　　　年　　月　　日

文字在哪裡？

+＆％ΡＳ＃？Ｑ＆ ＊ . ！Ｘ

看清楚下面的圖，記住文字的位置。

10秒鐘之後，把文字寫在下一頁的圖上。

	天		門
空			
		王	
	口		

從字的意思來記，會比較簡單唷！

第**2**章 記憶

重點提示！

想一想這些文字可以組合成什麼意思，例如「天空」、「門口」、「王」。

把答案寫在下一頁 ➡

完成日　　年　月　日

45

文字在哪裡？ （寫出答案）

前一頁的圖，哪些格子裡有文字？
把記得的文字寫出來吧！

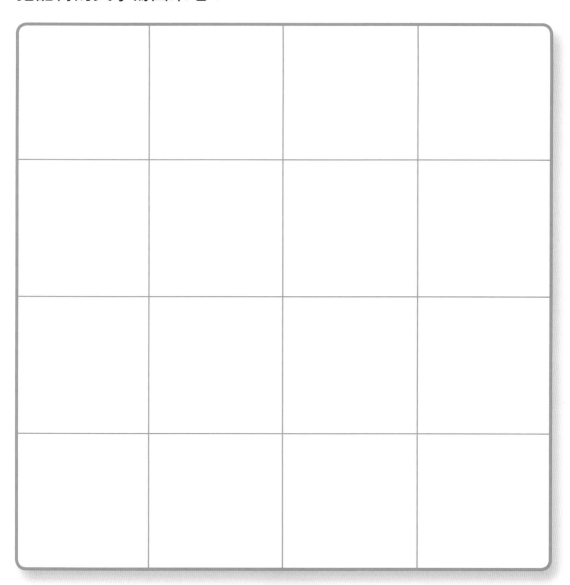

加油！

完成日
　　年　　月　　日

數字和文字在哪裡？

看清楚下面的圖，記住數字和文字的位置。

10秒鐘之後，把數字和文字寫在下一頁的圖上。

大			
		9	
6	中		
		小	

過了10秒鐘之後，就要把記得的答案寫在下一頁唷！

重點提示！

先記文字再記數字，比較容易全部記住唷！

把答案寫在下一頁

完成日　　　年　　月　　日

數字和文字在哪裡？（寫出答案）

前一頁的圖，哪些格子裡有數字或文字？
把記得的數字和文字寫出來吧！

加油！

完成日
　　　年　　月　　日

符號在哪裡？

看清楚下面的圖，記住符號的位置。

10秒鐘之後，把符號畫在下一頁的圖上。

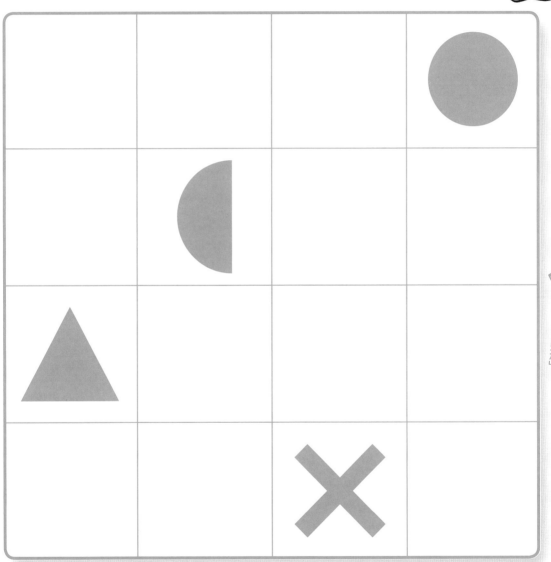

第**2**章 記憶

看起來只有●一半的形狀，叫做「半圓形」。

重點提示！

先記住符號的位置，再記住符號的形狀。

把答案寫在下一頁 ➡

完成日　　　年　　月　　日

49

符號在哪裡？（寫出答案）

前一頁的圖，哪些格子裡有符號？
把記得的符號畫出來吧！

加油！

完成日　　　年　　月　　日

第3章

模仿

提升視覺認知的基礎能力
（複製、掌握形狀）

玉木弟弟不太會寫字，也
不太擅長把老師寫在黑板上
的東西抄下來。
在宮口醫師和小妖怪的加油聲中，
玉木弟弟開始挑戰「模仿」訓練遊戲。
你如果成功寫出了答案，
記得要像玉木弟弟一樣擺個
「認知姿勢」唷！

雖然不太會寫字，
但我很會畫
小妖怪唷！

認知姿勢！

用線把點和點連接起來，
讓圖案和上面的圖一模一樣。

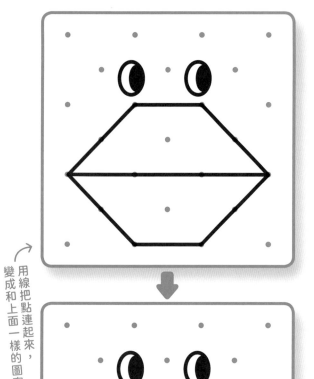

用線把點連起來，變成和上面一樣的圖案。

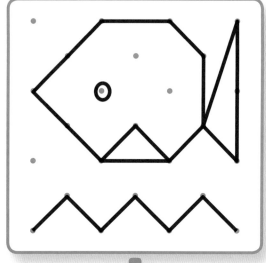

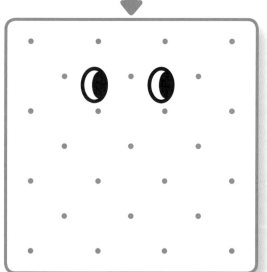

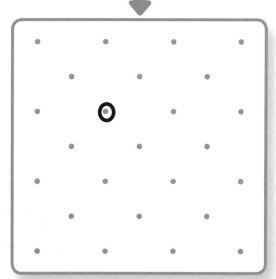

重點提示！

這個遊戲可以訓練掌握形狀的能力。如果成功畫出來，就擺個「認知姿勢」吧！

完成日　　　年　　月　　日

直線連連看②

用線把點和點連接起來，
讓圖案和上面的圖一模一樣。

這些都是在海裡或河裡常看見的動物唷！

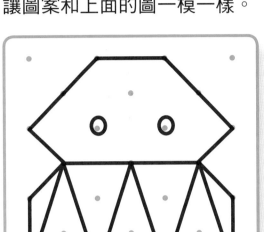

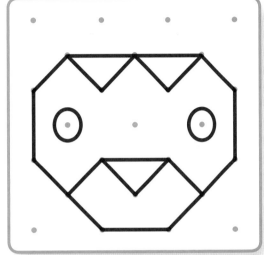

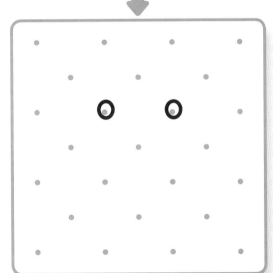

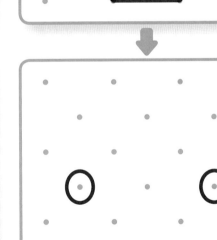

重點提示！

把看見的圖案
畫下來，可以訓練
「模仿」的能力！

完成日　　年　月　日

直線連連看 ③

用線把點和點連接起來，
讓圖案和上面的圖一模一樣。

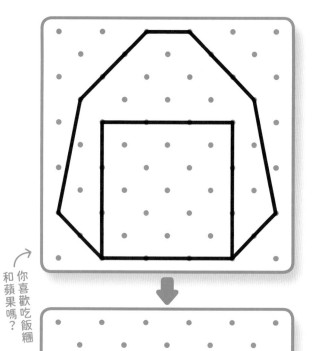

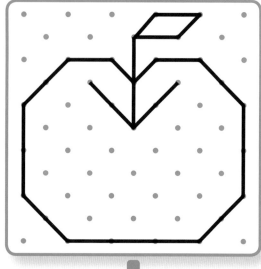

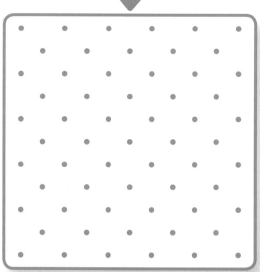

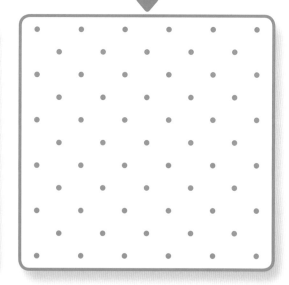

和蘋果嗎？
你喜歡吃飯糰

重點提示！

多練習幾次
之後，將黑板的字
抄在筆記上的能力
也會變好呢！

完成日
　　　年　　月　　日

直線連連看 ④

用線把點和點連接起來，
讓圖案和上面的圖一模一樣。

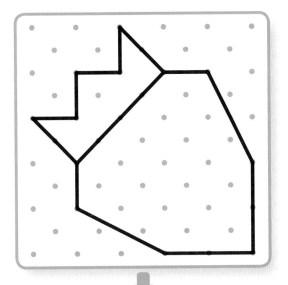

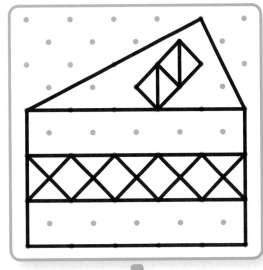

好想吃蛋糕呀！

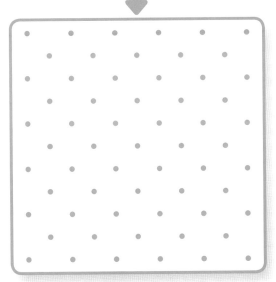

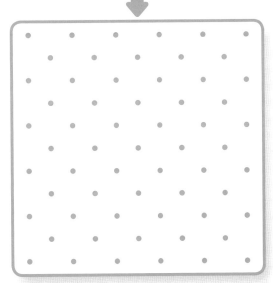

重點提示！

學寫字其實跟
照著圖案連連看
差不多呢！

完成日
　　年　　月　　日

直線連連看 ⑤

用線把點和點連接起來,
讓圖案和斜上方的圖一模一樣。

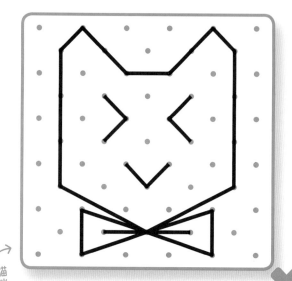

→ 貓咪要畫在右下方的答案格內哦!

重點提示!

如果覺得很難,
可以先在點的位置
標上數字,就比較
不會出錯。

完成日　　　年　　月　　日

56

直線連連看 ⑥

用線把點和點連接起來,
讓圖案和斜上方的圖一模一樣。

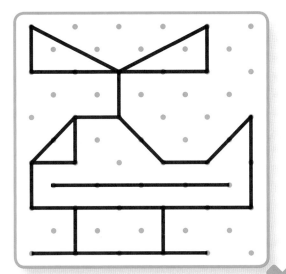

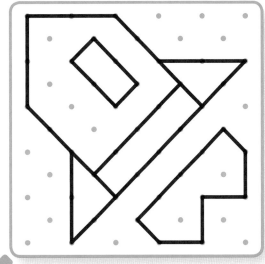

這些是能在天空飛的帥氣交通工具!

第**3**章 模仿

重點提示!

試著先從比較長的線開始連,遇到斜線可以將書轉成斜的方向。

直線連連看 ⑦

用線把點和點連接起來,
讓圖案和上面的圖一模一樣。

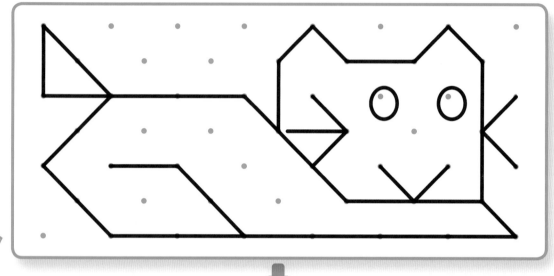

貓咪,你好呀!

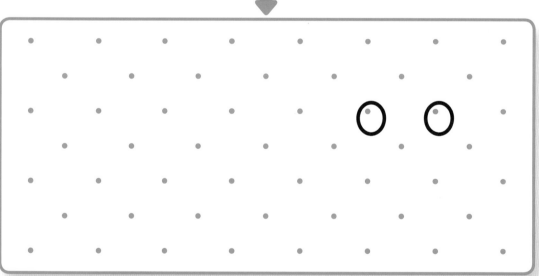

重點提示!

可以移動書本,
讓要畫的那一頁在
身體的正前方。

完成日　　年　月　日

58

直線連連看 ⑧

用線把點和點連接起來，
讓圖案和上面的圖一模一樣。

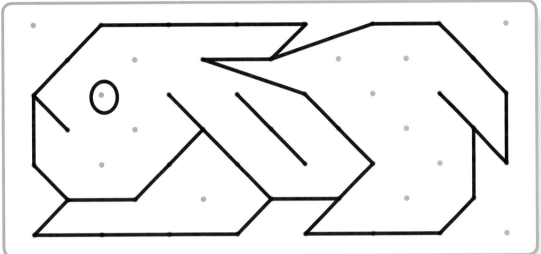

小兔子，你好呀！

重點提示！

將頁面放在
正前方畫，可以訓練
目光的左右移動。

完成日
　　　　年　　月　　日

直線連連看 ⑨

用線把點和點連接起來，
讓圖案和上面的圖一模一樣。

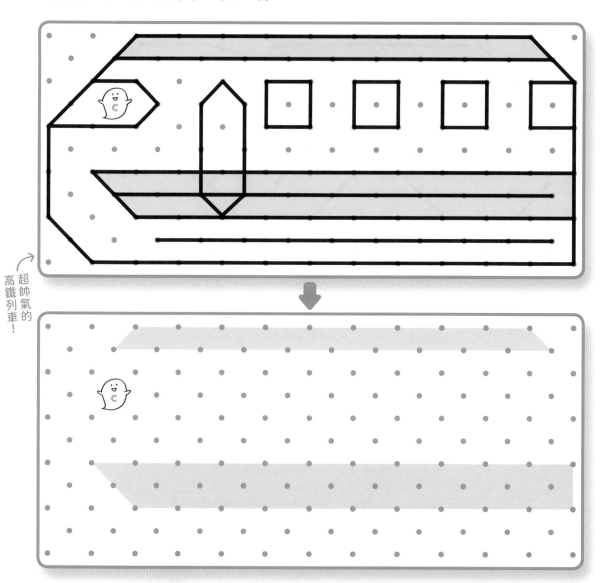

超帥氣的
高鐵列車！

重點提示！

如此一來，學寫字
和抄黑板都會變得
更拿手唷！

完成日
　　　年　　月　　日

用線把點和點連接起來，
讓圖案和上面的圖一模一樣。

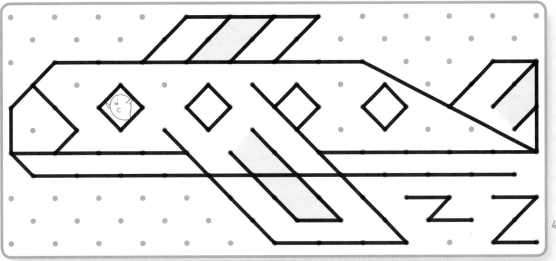

好想坐在飛機上，
看著窗外的景色！

第 **3** 章
模仿

重點提示！

畫線時要盡量通
過圓點，不過剛開始
練習時，稍微偏一
點也沒關係。

完成日
　　年　　月　　日

曲線描描看 ①

把**中間和下面的圖**都描畫成和最上面的圖一樣。

現在你會畫企鵝和大象了。

沿著虛線慢慢畫，就可以畫得很漂亮。

重點提示！

完成日　　年　月　日

曲線描描看②

把**中間和下面的圖**都描畫成和最上面的圖一樣。

第**3**章 模仿

重點提示！

這個遊戲能夠練習畫曲線，比畫直線更加困難哦！藍色的部分可以當作參考。

完成日　　　年　月　日

曲線描描看 ③

把**中間和下面的圖**都描畫成和最上面的圖一樣。

小妖怪手上拿的是愛心形狀的糖果。

重點提示！

大致相同就行了，
不必完全一模一樣。
這麼想的話，應該就
比較不會緊張。

完成日

年　　月　　日

64

曲線描描看④

把**中間和下面的圖**都描畫成和最上面的圖一樣。

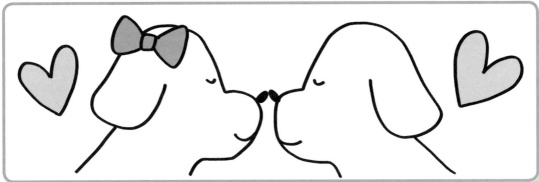

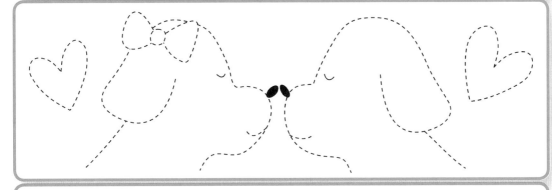

可樂和好朋友

相親相愛！

第**3**章 模仿

重點提示！

如果細節太難，也可以只描畫簡單的部分。

完成日
　　　年　　月　　日

曲線描描看 ⑤

把**中間和下面的圖**都描畫成和最上面的圖一樣。

小海豚，午安！

重點提示！

畫的時候要
注意別讓手擋到圖。
保持耐心慢慢畫，
就能畫得好。

完成日　　　　年　　月　　日

曲線描描看 ⑥

把**中間和下面的圖**都描畫成和最上面的圖一樣。

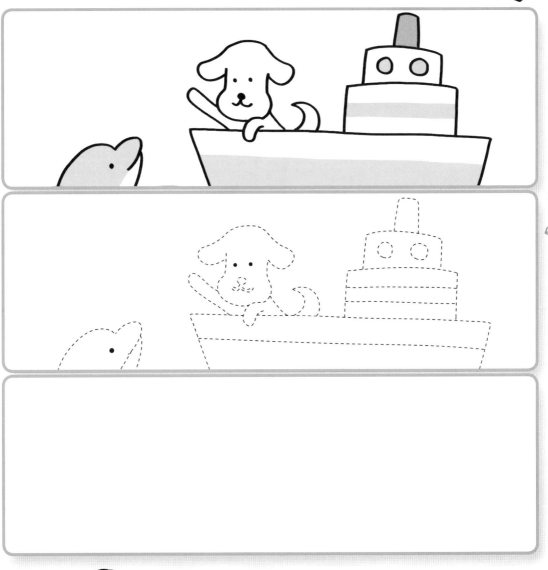

好想和可樂一起看海豚。

第**3**章 模仿

重點提示！

先從比較大
或比較簡單的形狀
開始畫，就比較
容易成功。

完成日
　　年　　月　　日

鏡像圖形①

沿著虛線對折，在**重疊的格子裡，畫出相同的符號。**

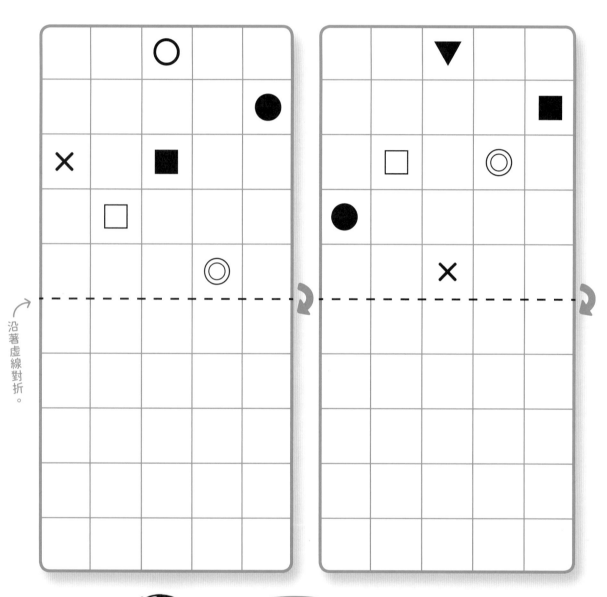

沿著虛線對折。

答案在第80頁

重點提示！

要讓對折後的
符號完全相同，
▼會變成▲。

完成日　　　　年　　月　　日

鏡像圖形 ②

沿著虛線對折，在**重疊的格子裡，畫出相同的符號。**

上面的格子會和下面的哪個格子重疊？

第3章 模仿

重點提示！

先算從虛線到符號的格子數量，比較不會畫錯格子唷！

答案在第80頁

完成日
　　　年　　月　　日

符號的變換①

把上面格子裡的圖案變換成 裡頭的符號，
然後畫在下面的格子裡。

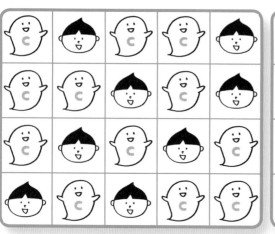

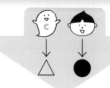

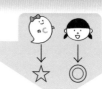

注意所有的圖案
都要換掉唷！

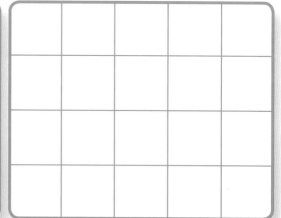

重點提示！

可以先把相同的
符號畫完，比較
不會出錯。

答案在第**81**頁

完成日
　　　年　　月　　日

符號的變換②

把上面格子裡的圖案變換成  裡頭的符號，
然後畫在下面的格子裡。

符號變多了，要更加細心唷！

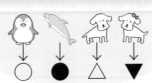

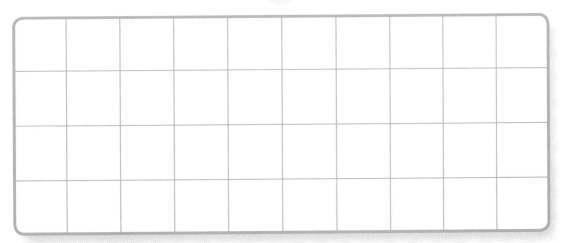

重點提示！

把頁面放在身體的中心位置，可以練習讓雙眼的注意力左右移動。

答案在第81頁

完成日　　年　月　日

71

照鏡子 ①

想像一下 ☐ 內的符號**映照在鏡子裡和水面上**
會是什麼模樣，把圖案畫出來。

鏡子

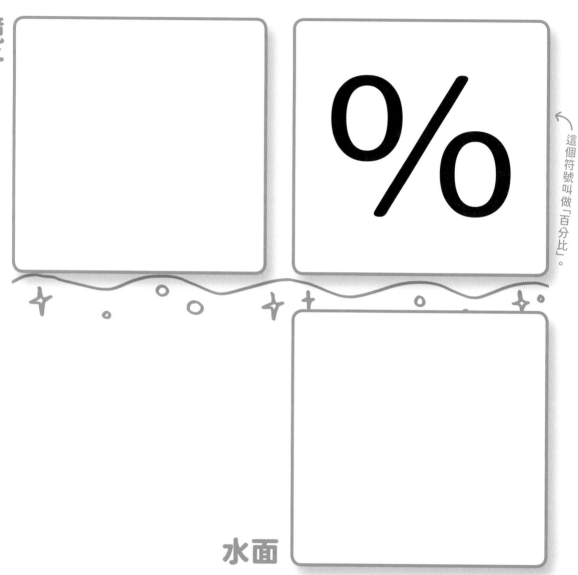

%

這個符號叫做「百分比」。

水面

答案在第 **82** 頁 ➡

重點提示！

畫的時候除了
要理解相對位置之外，
還要發揮想像力。

完成日　　年　月　日

照鏡子 ②

想像一下 ☐ 內的圖案**映照在鏡子裡和水面上**
會是什麼模樣，把圖案畫出來。

需要一點想像力，才能想出圖案在鏡子裡和水面上的模樣。

第 **3** 章 模仿

水面

重點提示！

如果覺得太難，
剛開始的時候可以
把書放在鏡子前
面看著畫。

答案在第 **82** 頁

完成日
　年　　月　　日

照鏡子 ③

想像一下 ⬜ 內的符號**映照在鏡子裡和水面上**
會是什麼模樣，把圖案畫出來。

鏡子

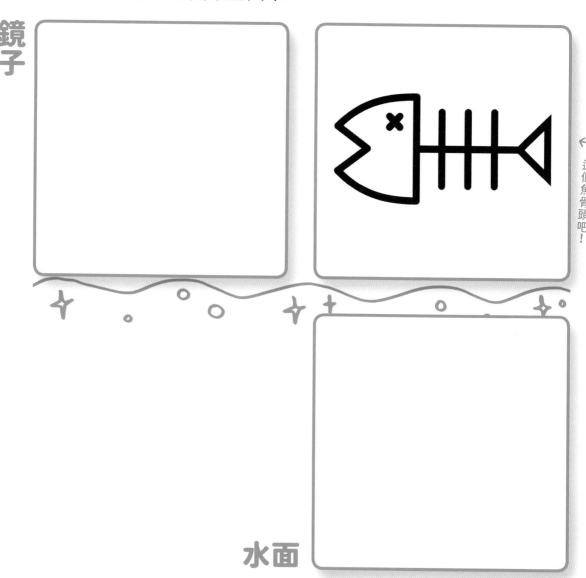

哇──可樂會喜歡這個魚骨頭吧！

水面

答案在第83頁

重點提示！

只要大致畫出圖案來就行了！

完成日　　　年　　月　　日

照鏡子 ④

想像一下 ▢ 內的圖案**映照在鏡子裡和水面上**
會是什麼模樣，把圖案畫出來。

比起魚骨頭，大家更喜歡水果吧！

水面

重點提示！

要注意圖案的
方向，和鏡子、水面
鏡像的相對位置。

答案在第 **83** 頁

完成日　　　　年　　月　　日

把下圖的★○●用線連起來，變成和上面一模一樣的星座。
注意星座會旋轉唷！

畫出和上面一樣的星座。

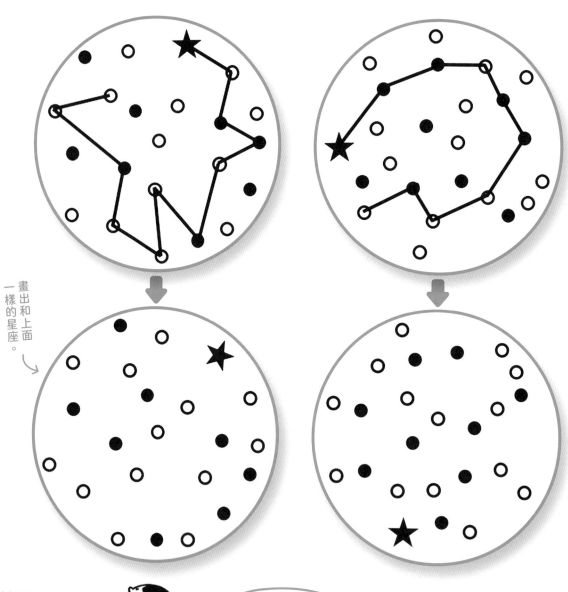

重點提示！

可以把★當成星座的起點。

答案在第84頁

完成日　　　年　　月　　日

轉轉星座②

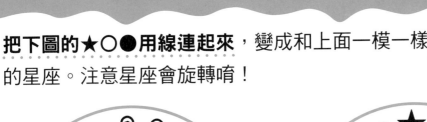

把下圖的★○●用線連起來，變成和上面一模一樣的星座。注意星座會旋轉唷！

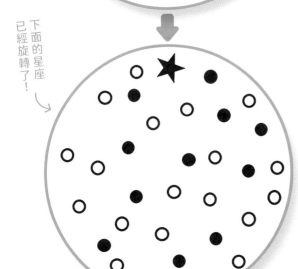

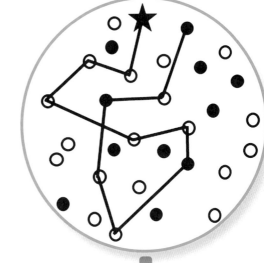

下面的星座已經旋轉了！

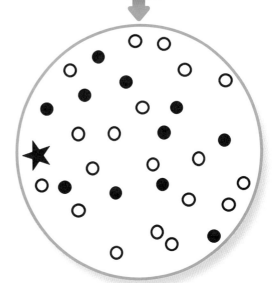

答案在第84頁

重點提示！

多做這個練習，以後看地圖找路會變得很厲害！

完成日
　　　年　　月　　日

轉轉星座 ❸

把下圖的○●用線連起來，變成和上面一模一樣
的星座。注意星座會旋轉唷！

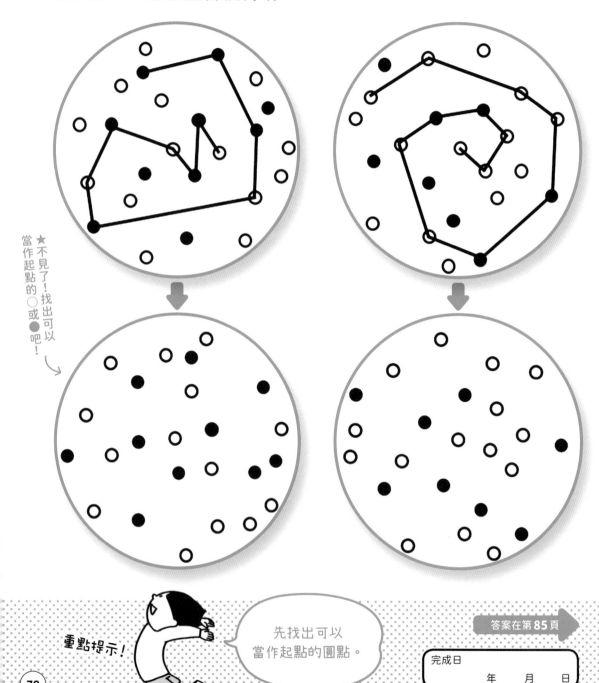

當作起點的○或●吧！
★不見了!找出可以

重點提示！

先找出可以
當作起點的圓點。

答案在第**85**頁

完成日
　　　年　　　月　　　日

78

轉轉星座④

把下圖的〇●用線連起來，變成和上面一模一樣的星座。注意星座會旋轉唷！

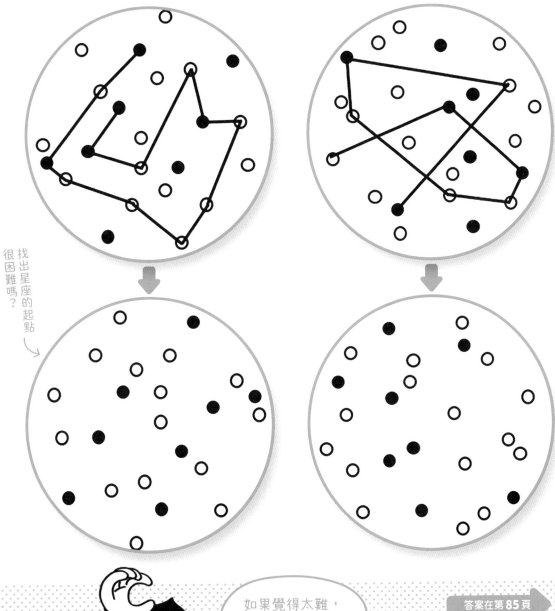

找出星座的起點很困難嗎？

重點提示！

如果覺得太難，可以試試看把下面的星座轉個角度。

答案在第85頁

完成日　　　年　　月　　日

鏡像圖形①（第68頁）

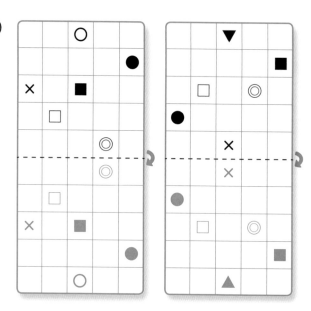

鏡像圖形②（第69頁）

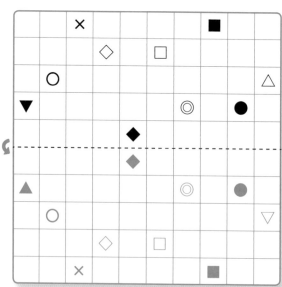

符號的變換①（第70頁）

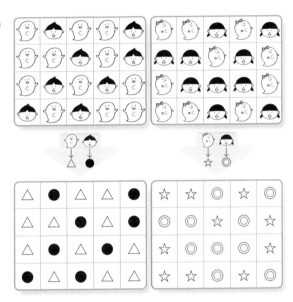

符號的變換②（第71頁）

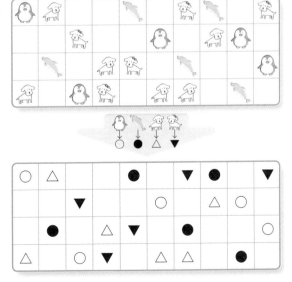

第3章 模仿　解答頁

照鏡子①（第72頁）

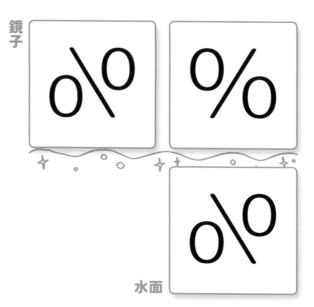

照鏡子②（第73頁）

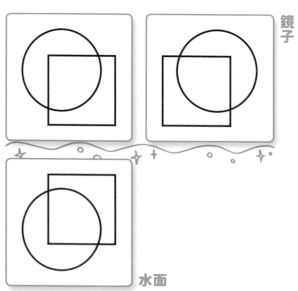

照鏡子③（第74頁）

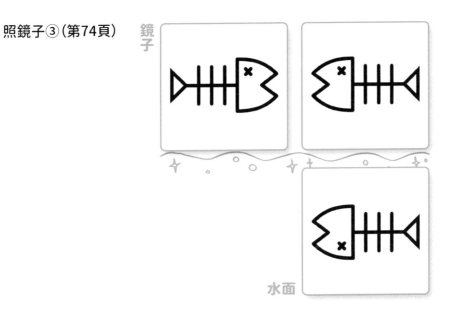

照鏡子④（第75頁）

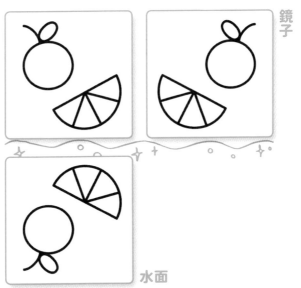

轉轉星座①（第76頁）

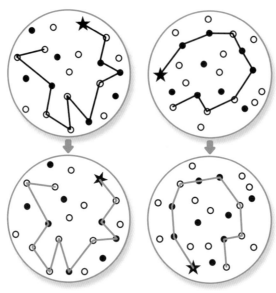

轉轉星座②（第77頁）

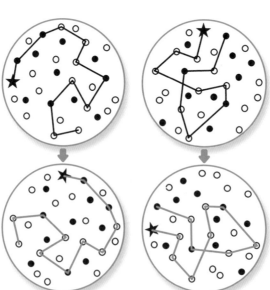

轉轉星座③（第78頁）

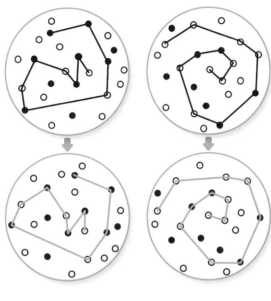

轉轉星座④（第79頁）

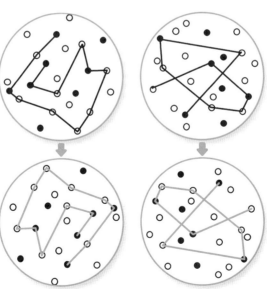

從圖形的模仿
看出智能發展的狀況

　　應該有些父母會擔心孩子的智能發展是不是比別人慢,雖然擔心,卻又不太願意讓孩子接受檢測。若身為父母的你有這種煩憂,我在這裡教你一招可以簡單判斷孩子智能發展的方法。

　　將下圖的正方形、三角形和菱形放在孩子面前,讓他照著畫畫看。

　　大致來說,4～5歲的孩子能畫出正方形、5～6歲能畫出三角形、7～8歲能畫出菱形。如果孩子已經能畫出這三種圖形,接著讓他嘗試畫出下面的立體圖和蜂巢圖。

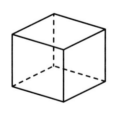

　　大約8～9歲的孩子就能夠畫出立體圖和蜂巢圖。

　　如果孩子已經過了該年齡,卻還明顯畫不出相應的圖形,為了保險起見,建議帶孩子到兒童發展聯合評估中心接受進一步的檢查。

第4章

尋找

提升整理
視覺資訊的能力

從各種不同的圖形或圖畫中，找出相同處和不同處。從這些圖畫可以看出玉木弟弟平常的生活。大家快來一起玩吧！

發現

下面兩張圖中，**有3個地方不一樣唷！**
找出不一樣的地方，在下方的圖中圈出來。

找到不一樣的地方，就用○圈起來。

重點提示！

觀察兩張圖的差異，可以訓練找出相同和不同處的能力。

答案在第**108**頁

完成日　　　年　　月　　日

哪裡不一樣？②

下面兩張圖中，**有3個地方不一樣唷！**
找出不一樣的地方，在下方的圖中圈出來。

找到3個不一樣的地方了嗎？

重點提示！

找出相同和不同處的能力，對判斷他人的長相和表情有幫助唷！

答案在第108頁

完成日　　年　　月　　日

下面兩張圖中，**有5個地方不一樣**唷！

找出不一樣的地方，在右邊的圖中圈出來。

找到不一樣的地方，就畫○吧！

重點提示！

觀察差異的能力增強之後，在計算時也比較容易靠數字的排列看出特定模式唷！

答案在第 **108** 頁

完成日　　年　　月　　日

哪裡不一樣？④

下面兩張圖中，**有5個地方不一樣唷！**

找出不一樣的地方，在下方的圖中圈出來。

找到5個不一樣的地方了嗎？

重點提示！

除了形狀的差異之外，還要注意位置正不正確、物體還在不在唷！

答案在第**108**頁

完成日

　　　年　　月　　日

哪裡一樣？ 1

下面這些衣服中，**有 1 件衣服和玉木弟弟身上的完全相同。**
找出這件衣服並且回答號碼。

這是玉木弟弟最愛穿的條紋襯衫。

重點提示！

從許多圖案裡找出相同的圖案，能夠培養觀察差異的能力。

答案在第 **108** 頁

完成日
　　　年　　月　　日

哪裡一樣？ ②

下面的這些圖案中，**有2個圖案完全相同。**
找出這2個圖案並且回答號碼。

和小妖怪一起做功課！

重點提示！

圖案變多了，困難度也比「找出差異」更高。

答案在第 **108** 頁

完成日　　　年　　月　　日

第**4**章　尋找

哪裡一樣？

下面的這些餅乾圖案中，**有1個和題目完全相同。**
找出這個餅乾圖案並且回答號碼。

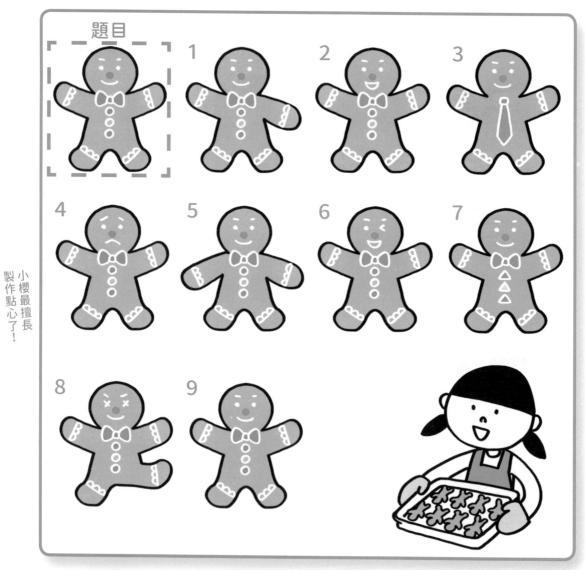

題目

1　2　3

4　5　6　7

8　9

小櫻最擅長製作點心了！

重點提示！

把每個圖案和題目不一樣的地方圈起來，最後就能找到相同的圖案。

答案在第**108**頁

完成日　　年　　月　　日

哪裡一樣？④

下面的這些圖案中，**有2個圖案完全相同。**

找出這2個圖案並且回答號碼。

塗上好多鮮奶油的美味蛋糕。

重點提示！

發現了兩張圖的不同處後，就仔細看其他圖案是否有相同之處。

答案在第 **108** 頁

完成日　　　　年　　月　　日

下圖中有 7 個 ，把它們找出來，

像 ⬜ 一樣**用線連起來**。

可以從比較好找的地方開始連線。

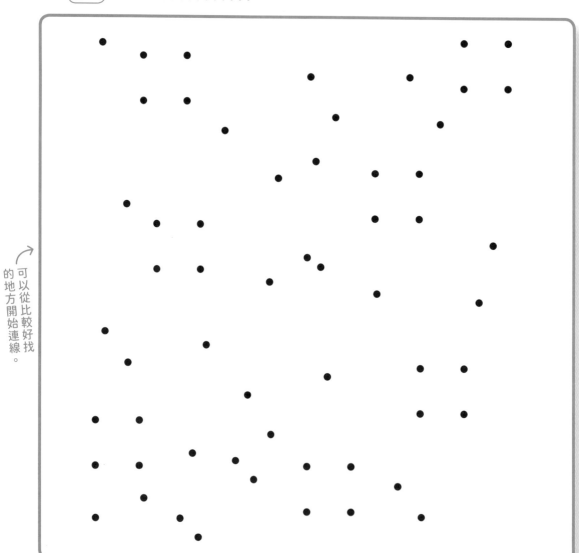

重點提示！

可以試著找找看，哪些點的距離一樣長。

答案在第 **109** 頁

完成日　　年　　月　　日

找出形狀 ②

下圖中有10個 ，把它們找出來，
像 一樣用線連起來。

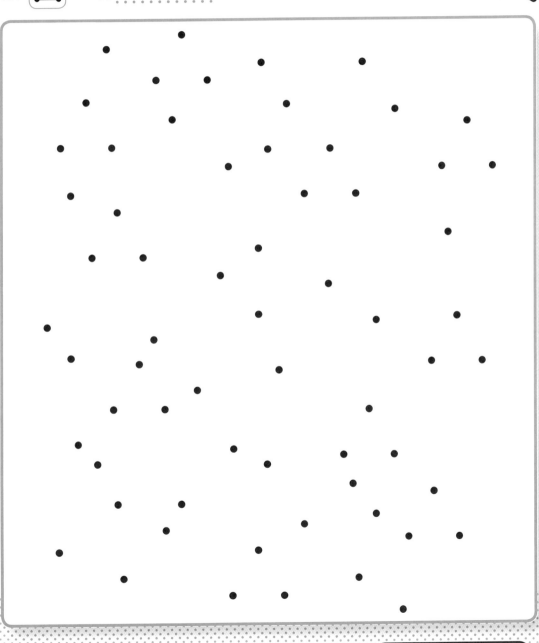

答案在第 **109** 頁

完成日
　　　年　　月　　日

找出能夠連成△形狀的3個點。

把左邊①～④的圖案塗黑之後，會變成什麼模樣呢？
從右邊1～10的圖案中挑選出答案，**把號碼寫在（ ）內**。

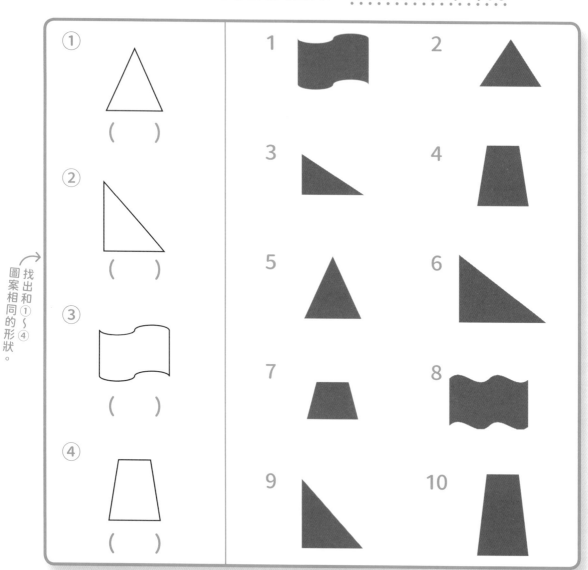

找出和①～④圖案相同的形狀。

重點提示！

仔細觀察組成
①～④圖案形狀的
線條（輪廓）。

答案在第110頁

完成日　　　年　　月　　日

塗黑的圖案②

把左邊①～⑤的圖案塗黑之後，會變成什麼模樣呢？

從右邊1～10的圖案中挑選出答案，**把號碼寫在（　）內。**

① （　）

② （　）

③ （　）

④ （　）

⑤ （　）

1

2

3

4

5

6

7

8

9

10

11

12

①～⑤哪個形狀和一樣？

第4章 尋找

答案在第**110**頁

完成日　　年　　月　　日

塗黑的圖案③

把左邊①～④的圖案塗黑之後，會變成什麼模樣呢？
從右邊1～10的圖案中挑選出答案，**把號碼寫在( )內。**

找出和①～④圖案相同的形狀。

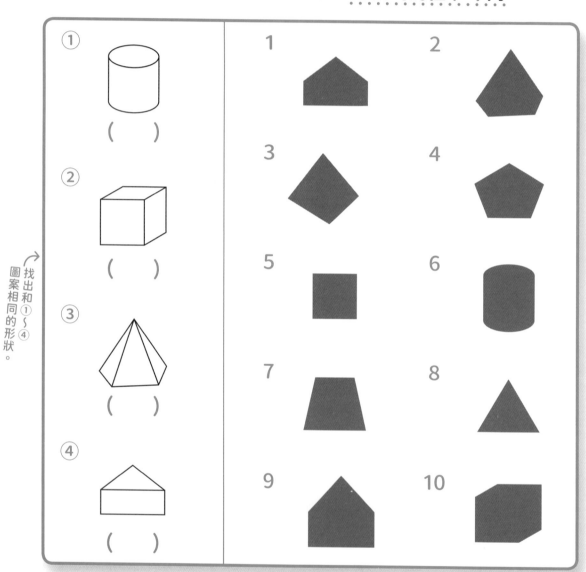

① ( )

② ( )

③ ( )

④ ( )

1
2
3
4
5
6
7
8
9
10

重點提示！

不要和從正面看的形狀搞混了唷！

答案在第**110**頁

完成日　　年　　月　　日

100

塗黑的圖案❹

把左邊①～⑤的圖案塗黑之後，會變成什麼模樣呢？
從右邊1～10的圖案中挑選出答案，**把號碼寫在（　）內**。

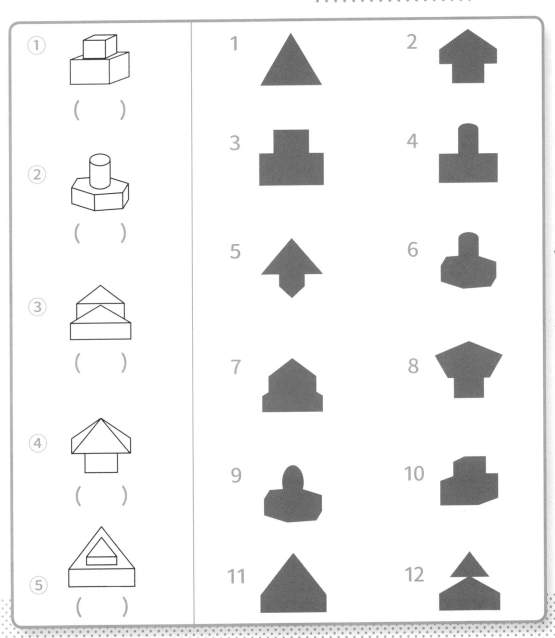

① （　　）

② （　　）

③ （　　）

④ （　　）

⑤ （　　）

1
2
3
4
5
6
7
8
9
10
11
12

①～⑤一樣？哪個形狀和

第**4**章　尋找

答案在第110頁

完成日　　年　　月　　日

每個題目右邊1～4的圖案中，有1個沒有使用在左邊的重疊圖案中。找出沒有使用的那一個，**把號碼寫在（ ）內**。

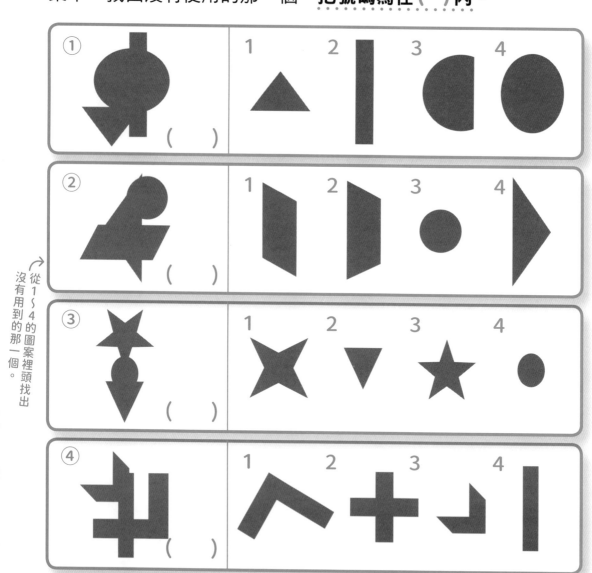

① （ ）

② （ ）

③ （ ）

④ （ ）

從1～4的圖案裡頭找出沒有用到的那一個。

重點提示！

試一試在左邊的圖案上描畫出右邊的圖案。

答案在第110頁

完成日　　　年　　月　　日

重疊的圖案②

每個題目右邊 1～4 的圖案中，有 1 個沒有使用在左邊的重疊圖案中。找出沒有使用的那一個，**把號碼寫在 ( ) 內。**

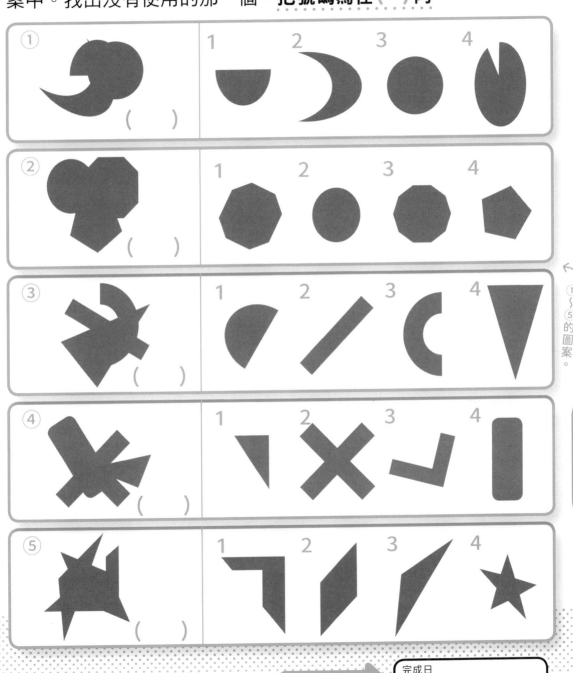

①～⑤找出沒有使用在的圖案。

第**4**章 尋找

答案在第 110 頁

完成日
　　年　　月　　日

從下方 **1～9** 的圖形中，找出和 **A、B、C** 的空白處一樣的形狀。

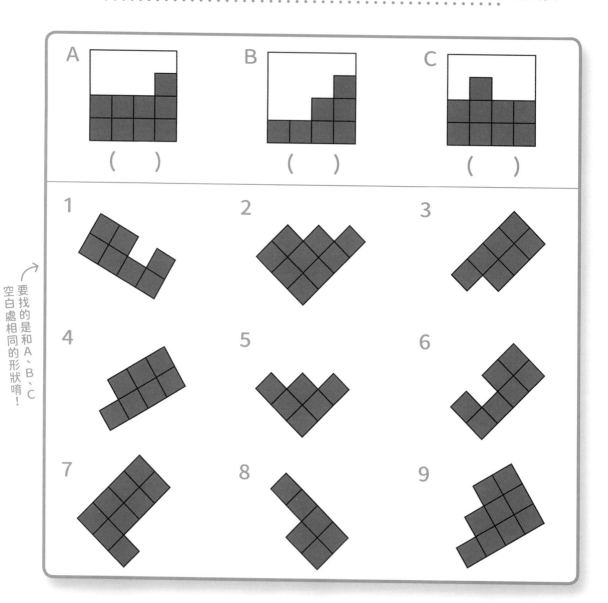

A （　）

B （　）

C （　）

1

2

3

4

5

6

7

8

9

空白處相同的形狀唷！
要找的是和 A、B、C

重點提示！

以最長的格子當作基準來思考，會比較容易找出答案。

答案在第 **110** 頁

完成日　　　年　　月　　日

旋轉積木 ②

從下方 1～12 的圖形中，找出和 A、B、C 的空白處一樣的形狀。

A ( )

B ( )

C ( )

1

2

3

4

5

6

7

8

9

10

11

12

從 1～12 裡找出和 A、B、C 空白處相同的形狀！

第 4 章 尋找

答案在第 110 頁

完成日　　年　　月　　日

用線將①～④和 A～E 連起來，讓它們組合成 [____] 裡的形狀。

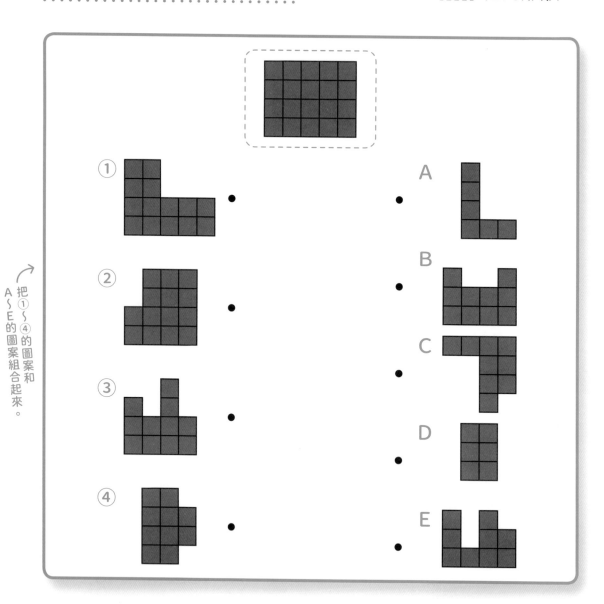

A～E 的圖案組合起來。把①～④的圖案和

重點提示！

試試看用鉛筆畫上方格，讓①～④的圖案變成和框框 [____] 裡的一樣。

答案在第110頁

完成日　　　年　　月　　日

旋轉積木 ④

用線將①～⑤和 A～E 連起來，讓它們組合成 [ ] 裡的形狀。

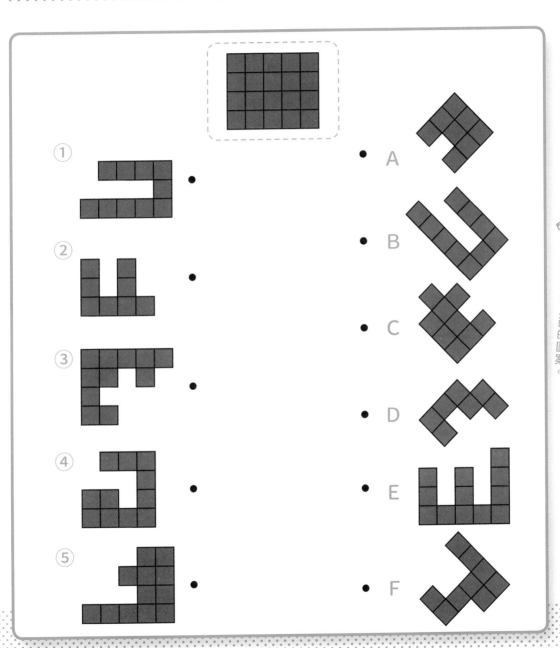

將①～⑤和A～F用線連起來，拼成上面的圖案。

完成日

年　　月　　日

第4章 尋找

哪裡不一樣？①（第88頁）

哪裡不一樣？②（第89頁）

哪裡不一樣？④（第91頁）

哪裡不一樣？③（第90頁）

哪裡一樣？①（第92頁）…… **4**

哪裡一樣？②（第93頁）…… **2**和**9**

哪裡一樣？③（第94頁）…… **9**

哪裡一樣？④（第95頁）…… **1**和**5**

找出形狀①（第96頁）

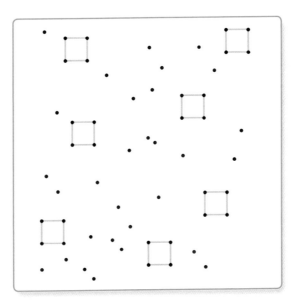

找出形狀②（第97頁）

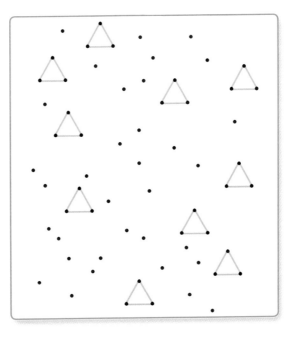

塗黑的圖案①（第98頁）…… ①（ 5 ）　②（ 9 ）　③（ 1 ）　④（ 4 ）

塗黑的圖案②（第99頁）…… ①（ 8 ）　②（ 11 ）　③（ 4 ）　④（ 1 ）　⑤（ 5 ）

塗黑的圖案③（第100頁）…… ①（ 6 ）　②（ 10 ）　③（ 2 ）　④（ 1 ）

塗黑的圖案④（第101頁）…… ①（ 10 ）　②（ 6 ）　③（ 7 ）　④（ 2 ）　⑤（ 11 ）

重疊的圖案①（第102頁）…… ①（ 3 ）　②（ 2 ）　③（ 1 ）　④（ 2 ）

重疊的圖案②（第103頁）…… ①（ 4 ）　②（ 3 ）　③（ 1 ）　④（ 3 ）　⑤（ 4 ）

旋轉積木①（第104頁）…… A（ 4 ）　B（ 9 ）　C（ 1 ）

旋轉積木②（第105頁）…… A（ 8 ）　B（ 6 ）　C（ 4 ）

旋轉積木③（第106頁）…… ①（ D ）　②（ A ）　③（ E ）　④（ B ）

旋轉積木④（第107頁）…… ①（ B ）　②（ E ）　③（ C ）　④（ F ）　⑤（ A ）

第5章

推理

提升推敲無形物的能力和邏輯分析能力

最後是「推理」的訓練遊戲！
哪個是對的，哪個是錯的？
玉木弟弟和小妖怪一邊推理，一邊遊戲，
覺得好快樂，你也快來加入吧！
要是做對了題目，
記得擺個「認知姿勢」唷！

認知姿勢！

蓋印章 ❶

A、B 是印章上的圖案，**蓋在紙上後，會出現什麼**
模樣？從 1～4 中挑選出正確圖案，把號碼寫在（　）內。

把可樂和牠的女朋友
的樣子刻成了印章。

A

B

（　）　　　　　（　）

1

2

3

4

重點提示！

印章蓋在紙上的
圖案，會和照鏡子
一樣左右相反唷！

答案在第 **124** 頁

完成日
　　　年　　月　　日

蓋印章 ②

A、B 是印章上的圖案。**蓋在紙上後，會出現什麼模樣？**從1～6中挑選出正確圖案，把號碼寫在（　）內。

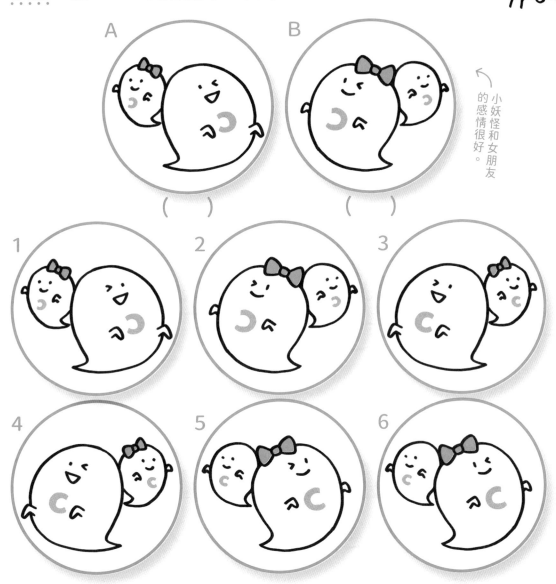

A

B

（　　）　　（　　）

小妖怪和女朋友的感情很好。

1

2

3

4

5

6

重點提示！

如果不知道答案，可以把圖案放在鏡子前面看看。

答案在第 **124** 頁

第 **5** 章　推理

完成日　　　年　　月　　日

113

蓋印章 ③

A～C 是印章上的圖案，**蓋在紙上後，會出現什麼**

模樣？從 1～8 中挑選出正確圖案，把號碼寫在（　）內。

他的朋友。→ 玉木弟弟和

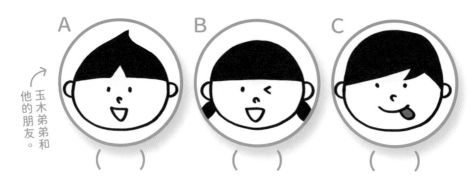

A（　）　B（　）　C（　）

先把一定不對
的選項刪除，就會
比較好選。

重點提示！

完成日
年　月　日

A～C 是印章上的圖案，**蓋在紙上後，會出現什麼**
模樣？從1～8中挑選出正確圖案，把號碼寫在（ ）內。

A

（ ）

B

（ ）

C

（ ）

大家好！我是玉木
弟弟的爺爺！

1

2

3

4

5

6

7

8

重點提示！

啊——我發現哪
裡不一樣了！就是
爺爺的那個！

答案在第 124 頁

完成日
　　　　年　　月　　日

第 **5** 章 推理

在心裡旋轉 ①

小妖怪和朋友圍繞著一個正方形立體圖，他們每個人看到的會是什麼模樣呢？在下圖中用線連起正確答案吧！

不同的角度，也有可能看見相同的立體圖唷！

重點提示！

想一想，在小妖怪和朋友的眼裡，前面的格子是在左邊還是右邊？

完成日　　　年　　月　　日

116

小妖怪和朋友圍繞著一個圓形立體圖，他們每個人看到的會是什麼模樣呢？**在下圖中用線連起正確答案吧！**

把正確的模樣用線連起來。

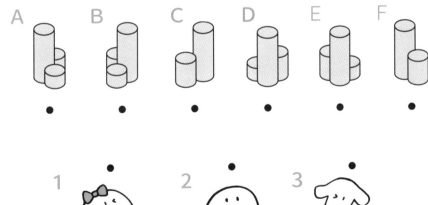

A　B　C　D　E　F

1　2　3

重點提示！

越旋轉會越迷惑，所以先從左右兩邊的相對形狀開始判斷吧！

答案在第 124 頁

完成日　　年　月　日

第 **5** 章　推理

決定名次 ①

小妖怪和朋友舉行了賽跑。根據頒獎臺上的位置，

排出所有人的名次，寫在(　)內。

A (　)　　B (　)　　C (　)　　D (　)

誰是第一名？

A (　)　　B (　)　　C (　)　　D (　)

重點提示！

兩邊頒獎臺上
都有第一名，先比
較哪一邊的第一
名比較快。

答案在第 **124** 頁

完成日
　　　年　、月　　日

決定名次 ②

小妖怪和朋友舉行了賽跑。根據頒獎臺上的位置，
將第一名打上〇、第四名打上△。

A （　）　B （　）　C （　）　D （　）

A （　）　B （　）　C （　）　D （　）

第一名是〇，
第四名是△。

重點提示！

先找出所有人
的第一名，接著再
依順序找出第二
名、第三名。

答案在第 **124** 頁

第 **5** 章 推理

完成日
　　　年　　月　　日

決定名次 ③

大家一起舉行一場賽跑。根據頒獎臺上的位置，

排出所有人的名次，寫在（　）內。

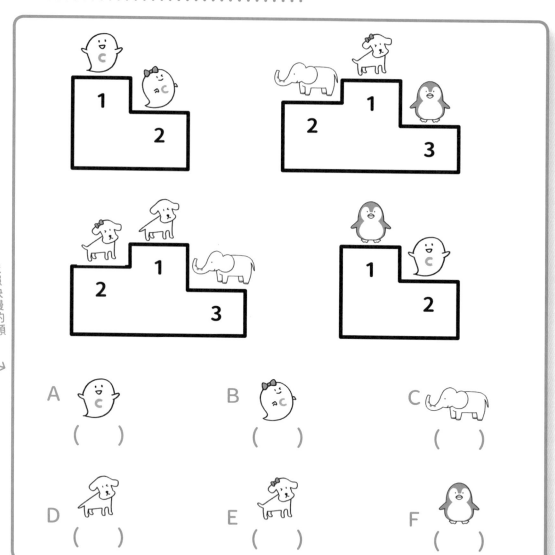

依照快慢的順序寫下數字唷！

A（　）　B（　）　C（　）

D（　）　E（　）　F（　）

重點提示！

先找出最快
的是誰。

答案在第 **124** 頁

完成日　　　年　　月　　日

（120）

決定名次 ④

大家一起舉行一場賽跑。根據頒獎臺上的位置，

將第一名打上 〇，將第七名打上 △。

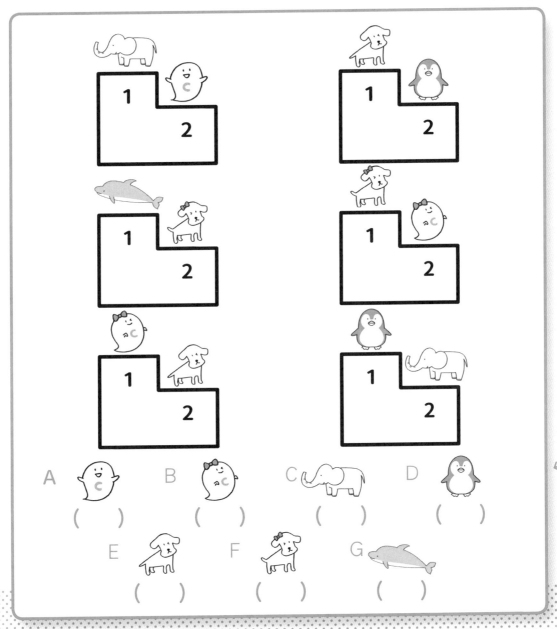

第一名是〇，
第七名是△。

第 **5** 章 推理

答案在第 **124** 頁

完成日

　　　年　　月　　日

121

排圖說故事 ❶

將號碼 1～6 的圖案**依照故事的正確順序排列**，
把號碼寫在（　）內。

大家一起吹氣球，把氣球綁在籃子上，坐著籃子飛上天！

（　）→（　）→（　）→（　）→（　）→（　）

重點提示！

先比較其中2張圖，看看哪一張的順序在前，再比較下一張圖。

答案在第**124**頁

完成日　　　年　　月　　日

將號碼 1～6 的圖案**依照故事的正確順序排列**，

把號碼寫在（　）內。

1

2

3

4

奶奶，您還好嗎？我帶藥和吃的東西來探望您了！

5

6

（　）→（　）→（　）→（　）→（　）→（　）

答案在第 **124** 頁

第 **5** 章　推理

重點提示！

這個訓練能夠培養根據零星訊息判斷出整體狀況的能力。

完成日
年　月　日

蓋印章①（第112頁）……A（**3**）　B（**2**）

蓋印章②（第113頁）……A（**3**）　B（**5**）

蓋印章③（第114頁）……A（**4**）　B（**6**）　C（**8**）

蓋印章④（第115頁）……A（**3**）　B（**6**）　C（**8**）

在心裡旋轉①（第116頁）……A（**1和3**）　C（**2**）

在心裡旋轉②（第117頁）……B（**3**）　D（**2**）　F（**1**）

決定名次①（第118頁）……上　A（**2**）B（**1**）C（**4**）D（**3**）

　　　　　　　　　　　　　下　A（**3**）B（**4**）C（**2**）D（**1**）

決定名次②（第119頁）……上　B（**○**）C（**△**）

　　　　　　　　　　　　　下　A（**○**）B（**△**）

決定名次③（第120頁）……A（**5**）B（**6**）C（**3**）D（**1**）E（**2**）F（**4**）

決定名次④（第121頁）……A（**△**）　G（**○**）

排圖說故事①（第122頁）……（**5**）→（**4**）→（**3**）→（**6**）→（**2**）→（**1**）

排圖說故事②（第123頁）……（**1**）→（**6**）→（**3**）→（**5**）→（**2**）→（**4**）

大家一起繼續加油！

宮口醫師

聽說你的奶奶恢復健康了？
真是太好了！（請看第 123 頁）

嗯！奶奶康復後，常陪我一起
玩認知訓練遊戲呢！

玉木弟弟

宮口醫師

這對「預防失智」也很有幫助唷！

我奶奶也是這麼說。

玉木弟弟

宮口醫師

不管大人還是小孩，都很適合玩這些遊戲。

妖怪也適合嗎？

玉木弟弟

宮口醫師

妖……妖怪？

小妖怪說他現在已經是認知訓練
遊戲的高手了。

玉木弟弟

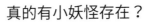
宮口醫師

真的有小妖怪存在？

嗯！他是我的朋友。
我們常互相加油打氣呢！

玉木弟弟

想知道玉木弟弟和小妖怪接下來的
故事嗎？請翻到下一頁！

國家圖書館出版品預行編目 (CIP) 資料

全面啟動大腦學習認知力：兒童精神科醫師專業
打造訓練遊戲 / 宮口幸治作；李彥樺翻譯 . -- 初
版 . -- 新北市：小熊出版：遠足文化事業股份有
限公司發行 , 2021.06
128 面；18.2×23 公分 . --（親子課）
ISBN 978-986-5593-40-7（平裝）
1. 兒童遊戲　2. 認知學習

523.13　　　　　　　　　　　　　110009486

親子課

全面啟動大腦學習認知力：兒童精神科醫師專業打造訓練遊戲

作者：宮口幸治｜翻譯：李彥樺｜審訂：駱郁芬（臨床心理師、米露谷心理治療所所長）

總編輯：鄭如瑤｜文字編輯：劉子韻｜協力編輯：林筑棺｜美術編輯：莊芯媚｜行銷副理：塗幸儀

社長：郭重興｜發行人兼出版總監：曾大福

業務平臺總經理：李雪麗｜業務平臺副總經理：李復民

海外業務協理：張鑫峰｜特販業務協理：陳綺瑩｜實體業務經理：林詩富

印務經理：黃禮賢｜印務主任：李孟儒

出版與發行：小熊出版・遠足文化事業股份有限公司

地址：231 新北市新店區民權路 108-2 號 9 樓

電話：02-22181417　｜傳真：02-86671851

客服專線：0800-221029｜客服信箱：service@bookrep.com.tw

劃撥帳號：19504465｜戶名：遠足文化事業股份有限公司

Facebook：小熊出版｜E-mail：littlebear@bookrep.com.tw

讀書共和國出版集團網路書店：http://www.bookrep.com.tw

團體訂購請洽業務部：02-2218-1417 分機 1132、1520

法律顧問：華洋法律事務所／蘇文生律師｜印製：天浚有限公司

初版一刷：2021 年 6 月｜定價：330 元｜ISBN：978-986-5593-40-7

小熊出版官方網頁　小熊出版讀者回函